Anny Wienbruch

Die aufgeschobene Krönung

Königin Elisabeth von Dänemark und die Reformation

Verlag der
St.-Johannis-Druckerei
C. Schweickhardt
Lahr-Dinglingen

CIP-Titelaufnahme der Deutschen Bibliothek:

Wienbruch, Anny:
Die aufgeschobene Krönung : Königin Elisabeth von Dänemark und die Reformation / Anny Wienbruch. – Lahr-Dinglingen : St.-Johannis-Dr. Schweickhardt, 1989
(TELOS-Bücher ; Nr. 72314 : TELOS-erzählendes Paperback)
ISBN 3-501-00752-3
NE: GT

ISBN 3 501 00752 3

TELOS-Bücher
TELOS-Erzählendes Paperback Nr. 72 314

Umschlagbild von Jean-Honoré Fragonard (1732–1806), Dame Langoureuse
Gesamtherstellung:
St.-Johannis-Druckerei C. Schweickhardt, 7630 Lahr-Dinglingen
Printed in Germany 9813/1989

Inhalt

Das Geschenk des königlichen Bruders	7
Im flämischen Land	10
Ein Dank	11
Die Werbung	13
Die Hochzeit	25
Die Seereise	28
Die Königin	32
Fahrten durch das Land	37
Die wilde Jagd	44
Die Audienz	49
Eine Freundin und ein Sohn	55
Arme Düweke	61
Die dunklen Wolken	65
Die Krönung zu Stockholm	71
Der große Schatz	79
Wenn alles zusammenbricht	87
Der Abschied	93
Die Heimkehr	96
Die Reise nach Brandenburg	110

Das Geschenk des königlichen Bruders

Ich strich zart, wie liebkosend über das feine Saffianleder, worin das Buch eingebunden war, das mir mein Bruder Carlos überreicht hatte. Es war ein Geschenk zu meinem Namenstag. Er gab es mir feierlich auf der verschwiegenen Bank am Ende des alten Gartens, wo wir beide oft zusammen saßen. Carlos und ich waren inniger miteinander verbunden als mit unsern anderen Geschwistern. Vielleicht lag es daran, daß wir nur ein Jahr im Alter auseinander waren. Doch es mußte auch noch einen andern Grund haben. Ich wußte nur nicht so recht welchen. Ob er meinte, mich mehr beschützen zu müssen, später einmal, wenn wir voneinander getrennt würden? Er würde ja sehr viel Macht haben. Das wußte er, und darum war er vielleicht oft feierlich und so sehr ernst. Eigentlich war er ja jetzt schon seines Vaters Nachfolger, König von Spanien, und in wenigen Jahren würde er in dies Amt eingesetzt werden. Zuweilen schien er mir seiner Würde bewußt. Er äußerte stolz zu mir: »In meinem Reich geht die Sonne nicht unter.«

Darüber war ich erstaunt und schaute ihn mit großen Augen an. »Natürlich geht auf der ganzen Erde die Sonne abends unter«, widersprach ich.

Aber er belehrte mich mit einem kleinen spöttischen Lächeln: »Wenn sie hier untergeht und in meinem Land Spanien ebenfalls und später, wenn ich von meinem Großvater Österreich und die Habsburger Hausmacht erbe und wohl auch wie er zum Kaiser von Deutschland erklärt werde, wird sie auch in diesen Besitzungen abends untergehen. Aber auf der anderen Seite der Erde, in Amerika, wovon ein Großteil zu Spanien gehört, wird sie dann aufgehen, und wenn sie dort untergeht, kehrt sie zu uns zurück.«

Dies kleine überlegene Lächeln war eines der seltenen Male, daß ich ihn lächeln sah.

Eigentlich war er nie vergnügt gewesen und hatte fröhlich gespielt wie wir anderen Kinder, und darum liebte ich ihn mehr als die andern und hatte so etwas wie Mitleid mit ihm, weil er so traurig dreinschaute. Vielleicht hatte ihn darum auch unsere liebe Tante Margarethe, in deren Obhut wir aufwuchsen, besonders in ihr Herz geschlossen. Oder achtete sie ihn als künftigen König und Kaiser?

An jenem Nachmittag, an dem mir Carlos das Buch überreichte, unterhielten wir uns noch länger miteinander, länger als gewöhnlich, denn wir mußten viel lernen von morgens an, wenn wir aus der Frühmesse heimkehrten, bis zum Mittag; und nachmittags studierten er und sein Bruder Ferdinand noch mancherlei, was wir Mädchen nicht so nötig für unsere Zukunft brauchten.

Meine umsichtige und fürsorgliche Tante sorgte aber dafür, daß wir im Gegensatz zu anderen Prinzessinnen im Nähen, im Stricken und dem Anfertigen der kostbaren Brabanter Spitzen unterwiesen wurden.

Auf dem feinen Buch waren in Gold der Buchstabe I und darüber eine Krone ziseliert.

»Was bedeutet das?« fragte ich, »und was steht in diesem Buch?«

»In dem Buch steht gar nichts«, antwortete Carlos überlegen. »Du sollst hineinschreiben, was du Schönes erlebst, und es später als alte Frau wieder lesen und es deinen Kindern weitergeben.«

»Es wird nicht immer Schönes sein«, entgegnete ich. »Unsere Spiele hier im Garten, unser Unterricht, unsere kleinen Fahrten durch das liebe flämische Land, das ist nicht so wichtig, und später, ach, was wird später sein, gewiß auch manches Schwere.«

»Das schreibst du auch auf«, bestimmte er herrisch. »Daraus kannst du dann lernen, wie Schweres tragen stärkt und auch zum Besten dient.«

Er seufzte auf. »Ach, es wird viel Schweres auf mir lasten«, sagte er vor sich hin. »Oft bin ich stolz, König, Kaiser zu werden, und dann möchte ich wieder alles von mir abwerfen. Ich denke, später werde ich es auch tun, wenn ich viele Jahre durchgehalten habe, dann werde ich mich von der Welt zurückziehen.«

»Ach Carlos!« rief ich erschrocken, »das wirst du wohl nicht. Denk an unsern berühmten Großvater Maximilian, den man den letzten deutschen Ritter nennt, der in allen Ritterkünsten der erste, vorbildliche ist, der mit solch großer Umsicht und Klugheit sein gewaltiges Reich regiert und dazu noch Zeit findet zu dichten (den ›Theuerdank‹, den ›Weißkunig‹) der sechs Sprachen beherrscht und dabei von dem schlichten Volk, besonders seinen Tirolern, so geliebt wird, als wäre er einer der Ihren.«

»Ja«, fiel Carlos spöttisch ein, »er hat auch nach dem Wahlspruch gehandelt, daß das glückliche Österreich nicht durch Kriege seinen Besitz vergrößert, sondern durch Heiraten. Seine erste Gemahlin war die Tochter des reichsten Fürsten, des Herzogs von Burgund.

Wir Fürstenkinder werden ja zumeist, ohne uns zu fragen, ohne Liebe zusammengegeben, doch auch hierbei war er allen voraus. Maria von Burgund war so begeistert von ihm, daß sie ihm selber Briefe schrieb und ihr Vater ihrem Wunsch gehorchen mußte, sie Maximilian zur Gemahlin zu geben. Und nach dieser Liebesehe, die leider der Tod schied, liebte ihn seine zweite Frau, die reiche Bianca Sforza nicht minder. Du siehst, sogar darin haben wir Österreicher Glück, sogar in der Liebe.«

»Unsere Tante Margarethe wird ihr Lebtag ihren Witwenschleier über ihrem Goldhaar tragen, so hat sie ihren Mann geliebt«, rief ich.

Carlos nickte.

»Sie ist schön wie ihr Vater Maximilian, hat nicht wie wir andern Habsburger die vorstehende Unterlippe, aber unser Vater war sogar so schön, daß man ihn Philipp den Schönen nannte. Und wie war es mit seiner Ehe bestellt?«

»Sie war auch glücklich. Unsere Mutter liebte ihn unsinnig«, widersprach ich.

»Ja«, gab er bitter zu, »so unsinnig, daß sie bei seinem Tode von Sinnen wurde und nun irgendwo in Spanien eingesperrt sitzt als Johanna die Wahnsinnige. Ob ich nicht auch ein Erbteil von ihrem Geist in mir habe?«

»Oh, Carlos«, wehrte ich, »wie kannst du so etwas denken! Du bist so klug, so ruhig, oh nein, nein! Komm, wir wollen gar nicht mehr daran denken. Wir wollen nur täglich bei der Messe für die Unglückliche beten. Komm, reden wir von etwas anderem. – Was soll ich nun in dies so königlich anmutende Buch schreiben?«

»Zuerst einmal deinen Namen auf die erste Seite«, riet er.

»Isabella«, sagte ich, »und was dann noch? – Was bedeutet die Krone?«

»Nun«, erklärte er, »daß du eines Königs Kind bist. – Also Infantin von Spanien, wie die spanischen Prinzessinnen genannt werden. Unser Vater war König von Spanien.«

»Aber nur durch seine Ehe«, sagte ich. »Wir sind doch Habsburger. Ich spreche kaum drei Worte Spanisch.«

»So nenne ich dich eben Isabella, Erzherzogin«, riet er, »und was du in einigen wenigen Jahren, wenn man dich verheiratet hat, sein wirst, wie du heißen wirst, überlasse Gott allein. Lege es in seine Hand!«

Im flämischen Land

Carlos hatte mich angewiesen, in dies vornehme Buch zu schreiben, und es ist seltsam, so sehr er mir als Bruder, der nur ein Jahr älter war als ich, vertraut war, so sehr ich ihn liebte, und er wohl auch mich, hatte ich solchen Respekt vor ihm, dem oft so düster, so herrisch blickenden zukünftigen König und Kaiser, daß ich mich sogleich entschloß, irgend etwas aufzuzeichnen, woran ich mich später erinnern konnte. Als ob ich das nicht sowieso vermochte, wenn mein Geist sich nicht einmal verwirrte wie der meiner armen Mutter, die in Tordesillas als Geisteskranke gefangen ist. Aber in solch einem Falle, wovor mich der Herr und alle Heiligen, vor allem die Mutter Maria, behüten mögen, hätte dies Buch doch keinen Wert mehr für mich. Wovon sollte ich also schreiben? Ich wußte nur von meiner bisherigen Heimat, meinem Aufenthaltsort zu berichten und von der Frau, die uns die Mutter ersetzte.

Und so begann ich denn:

Ich war noch nicht ganz fünf Jahre und Carlos ein Jahr älter, die andern Geschwister noch jünger, als mein Vater starb und sich der Geist meiner Mutter derart verwirrte, daß ich mich an all das Schreckliche gar nicht mehr erinnern kann, nicht erinnern mag. Ich will einfach nicht daran denken, will es tief in mich hinabstoßen.

Wo sollten wir vier Kleinen untergebracht werden? Unser Großvater entschloß sich, uns seiner Tochter Margarethe anzuvertrauen. Sie war zweimal verheiratet gewesen, das erste Mal kaum ein Jahr, aber die ganz große Liebe war ihr zweiter Mann gewesen.

Obwohl sie noch jung und wunderschön war, zwang sie der Kaiser nicht zu einer neuen Heirat. Der weise Mann erkannte, welche Tatkraft und Klugheit trotz alles Witwenschmerzes in ihr lebendig war, und sie eignete sich vorzüglich dazu, das ererbte flämische Land, auch die Niederlande geheißen, als sein Statthalter zu regieren. Das tat sie mit großer Umsicht.

Sie hatte sich immer nach Kindern gesehnt, und so entsprach es sehr ihren Wünschen, daß ihr die Schar kleiner verlassener Waisen ihres schönen Bruders, dem sie so ähnlich war, anvertraut wurde.

So wohnten wir bei ihr in Mechelen, sprachen zumeist wie sie das brabantische Dietsch oder Flämisch, oder wie es am Hof zu Wien Brauch war, Deutsch. Nur Carlos übte sich im Spanischen.

Die Residenz der Tante Margarethe bestand aus dem uralten burgundischen Herzogshof und der ihr gegenüberliegenden Regentschaft, worin sie selber ihre Gemächer hatte, während in dem andern Bau ihre Damen untergebracht waren. Wir Kinder hatten unsere Räume in dem Verbindungstrakt zwischen den beiden stolzen Gebäuden. Die Regentin, die wir »liebe Tante« oder auch sogar manchmal »liebe Mama« nannten, war nicht nur gegen uns, sondern auch gegen alle Menschen ihrer Umgebung sehr liebevoll und gütig, und wenn ich später diese Zeilen lese, werde ich in großer Dankbarkeit an sie und die Jahre, die ich unter ihrer Obhut verbrachte, zurückdenken.

So, nun habe ich den Wunsch oder Befehl meines königlichen Bruders erfüllt, und mehr fällt mir jetzt auch wirklich nicht mehr ein.

Oder soll ich noch von unsern fröhlichen Kinderspielen, unsern Puppen und den netten flämischen Kindern berichten, die oft bei uns sein durften. Oder von unserm täglichen Gang zur Messe. Unsere Tante, die Frau Regentin, schritt mit ihrem kostbaren Gebetsbuch voraus, dann folgten wir Kinder mit den Hofdamen. Wir alle hatten den Rosenkranz um eine Hand gewickelt. Es war ein feierlicher Zug, und wir saßen andächtig in der dämmrigen Kirche, aber ich muß gestehen, während der Priester lateinische Worte murmelte oder sang und wir ebenso gedämpft antworteten, war mir Gott nicht nahe in seinem Haus, und doch wünschte ich damals schon, ihn ganz nahe in meinem Herzen zu verspüren. Aber bis zu diesem Ziel muß man wohl weite Wege wandern und seine Gnade uns leiten.

Ein Dank

Nun hatte ich vorige Woche erst in dies kostbare Buch geschrieben und den wenigen Zeilen hinzugefügt, daß mir gar nichts mehr einfiele.

Ach, dachte ich, wenn das Carlos läse, wäre er etwas ärgerlich, und ich traurig darüber, daß ich ihn enttäuschte.

Er hatte gewollt, daß ich alles Schöne, was ich erlebte, in diesem Buch festhielte, damit ich mich noch später daran freuen könnte.

Allerdings war er mit mir einig gewesen, daß mir auch weniger Angenehmes, Leid sogar, nicht erspart bleiben würde. Doch vor allem sollte ich Schönes niederschreiben.

Ich muß mich schämen, daß ich nicht mehr von unserer glücklichen Kindheit unter der Obhut der geliebten Tante berichtete.

Doch jetzt fällt mir etwas Schönes, Wunderschönes ein. Warum konnte ich das vergessen, dieses wunderbare, liebe, einzigartige Brüssel, wohin unsere Tante ihre Residenz verlegt hatte und wohin wir mit ihr und ihrem Hofstaat übersiedelten.

Wer könnte je den Zauber dieser Stadt vergessen! Stundenlang konnte ich allein nur vom Fenster aus auf den Marktplatz schauen und den Anblick der schmalen, mit wertvollen Schnitzereien und Vergoldungen verzierten Gildehäuser genießen, das märchenhaft ziervolle Stadthaus betrachten und unterhalb dieser Spitzgiebel, dieser Prachtgebäude leuchteten die Schätze des gesegneten flämischen Landes. Da war der Blumenmarkt mit solch herrlichen Blüten, daß ich am allerliebsten die Arme weit ausgebreitet und die ganze Herrlichkeit ans Herz gedrückt hätte. Und da war der lockende Obstreichtum ausgebreitet und zu all dem die gemütlichen Verkäuferinnen in ihren kleidsamen weißen Hauben. Oh, du wunderschönes Brüssel!

Natürlich gibt es darin auch viele Kirchen, und wir gingen regelmäßig wie immer zur Messe. Es war damals im Mai, dem Monat des Blütenreichtums, und dem Monat, der unserer heiligen Mutter Maria gewidmet ist. Da war auch noch abends ihr zu Ehren Messe. Ihr Altar war überreich mit Blumen geschmückt. Ich muß gestehen, daß mir die herrlichen Blüten leid taten, daß sie in diesem Halbdunkel, im Schwaden der Kerzenflammen und des Weihrauchs so rasch, fern des Sonnenlichtes, verwelken mußten. Einmal wagte ich diesen Gedanken meinem vertrauten Bruder Carlos zu äußern. Doch das hätte ich besser unterlassen. Er blickte mich sehr streng an und ermahnte mich: »Sage das nie wieder, Isabel! Ketzerisch ist das, so etwas zu denken. All diese Pracht dient der Ehre der heiligen Gottesmutter. Das mußt du wissen, so wie du immer streng an unserm christlich katholischen Glauben festhalten mußt, dessen Schirmherr zu sein, ich ausersehen bin.« So wagte ich ihm auch nicht zu gestehen, daß mir in allem Kerzenschimmer und Weihrauch, in allem Psalmodieren Gott sehr fern blieb. Ich wollte ihn so gern von Herzen lieben und seinen teuren Sohn Jesus

Christus. Ich bemühte mich, gut zu sein, berichtete getreu meine kleinen Vergehen und strebte nach den Werken der Gerechtigkeit. Aber ich fühlte mich Gott noch sehr fern.

Natürlich dachte ich nicht dauernd darüber nach. Es waren dazu auch viel zu schöne Tage in diesem Maienmonat. Unsere liebe Tante erschien mir auch viel jünger und frischer als sonst. Sie ließ die Regierungsgeschäfte an manchem Nachmittag beiseite und fuhr mit uns aus der Innenstadt hinaus in die weitläufigen Parkanlagen und in den Wald von La Cambre (auf Flämisch, das zumeist hier gesprochen wurde, »der Kameren Busch«).

Die liebe Tante ließ uns mit einigen jungen Hofdamen im Kahn auf dem Teich fahren. Sie selber spielte mit uns Haschen, Verstekken. Ach, wie gewandt konnte sie laufen. Sie war ja selber noch so jung trotz ihres Witwenschleiers. Einmal, als wir um ein Boskett rannten, prallte ich mit aller Wucht gegen sie, die mir entgegenlief. Ich erschrak zuerst, aber sie lachte ganz silbern und rief: »Ach du mein tolles Füllen, wenn ich dich noch recht, recht lange behalten darf, daß du mir mein Herz erwärmst!«

»Ich möchte immer bei dir bleiben!« versicherte ich.

»Ich auch!« ertönte es da neben uns. Carlos war hinzugetreten.

»Doch es wird nicht so bleiben«, fügte er ernst hinzu.

»Gewiß nicht«, stimmte die Tante bei, »doch noch lasse uns den schönen Maientag genießen!«

»Oh, du schöner Mai, du geliebte Tante, du wunderschönes Brüssel! Niemals werde ich euch vergessen«, und als ich an jenem Abend im Bett lag, betete ich keinen Rosenkranz, sondern sagte nur, aber aus tiefstem Herzen: »Vielen, vielen Dank! Vater im Himmel!«

Die Werbung

»Ich möchte immer bei dir bleiben!« hatte ich in überströmender Zärtlichkeit meiner lieben Tante, der Regentin der Niederlande, an jenem Maientag versichert.

»Es wird nicht immer so bleiben«, hatte Carlos ernst dazu geäußert.

Wie recht hatte er gehabt mit seiner düsteren Voraussage!

Einige Tage darauf saßen wir Geschwister um den großen Arbeitstisch und versuchten mit Eifer und geröteten Wangen einen kleinen französischen Aufsatz zustande zu bringen. Wir mußten nämlich alle französisch lernen, da es an den meisten Fürstenhöfen die vornehme Umgangssprache war.

Maria, meine jüngere Schwester, die keine große Lust an schriftlichen Arbeiten hatte, lugte verstohlen durch das hohe Fenster auf den Platz hinaus.

»Was kommen da für merkwürdige Männer«, rief sie plötzlich. »Flamen sind es nicht. Sie sind so fein gekleidet und voller Orden und goldener Ketten, und der eine sieht aus, als hätte er einen Ladestock verschluckt.«

»Wenn er so steif dahergeht, ist es auch kein Österreicher, und Spanier schreiten eleganter einher. Es ist doch ganz klar, daß es die Dänen sind, die gestern abend mit einer Fregatte in Antwerpen gelandet sind«, rief Ferdinand.

»Heute früh, als Carlos und ich mit unserm Gefolge ausritten, wurde davon ausgiebig geredet. Die hat der neue König gesandt.«

»Warum denn?« fragte ich ahnungslos.

»Vielleicht ersehnt er ein Bündnis, Waffenhilfe«, meinte Ferdinand. »Er steht ja dauernd in Kämpfen mit den widerspenstigen Schweden, die nicht mehr zu Dänemark gehören wollen und selten Ruhe geben.«

»Vielleicht sucht er hier eine Königin«, meinte Carlos langsam.

Ferdinand lachte.

»Dich, Maria«, scherzte er.

»Nein, nein«, rief die Kleine, »der könnte noch soviel Gold und Diamanten haben. Meine Puppen sind mir lieber.«

Wir lachten alle, auch ich, ohne anderes zu denken.

»Ich möchte ihn keiner meiner Schwestern als Gemahl wünschen«, sagte Carlos und blickte mich mit seinen düsteren Augen an.

Mir kam ein leiser Schauer. Es lag etwas wie Schmerz in seinem Gesichtsausdruck.

»Er war in seinen jungen Jahren wohl der verdorbenste Prinz, den es je gab«, erklärte er bedächtig. »So wurde schon lange hier am Hof berichtet. Er schlich sich, als er noch beinahe ein Kind war, nachts, nachdem er die Wächter bestochen hatte, aus dem Schloß und tobte mit dem übelsten Gesindel in der Stadt herum. Es half nichts, daß sein Vater, als er es endlich erfuhr, ihn mit einer Peitsche züchtigte und daß er bei braven Bürgersleuten untergebracht wurde, um seinem Willen nachzukommen, mit dem Volke in Berührung zu sein. So hatte die sanfte Mutter sein wüstes Treiben zu erklären versucht. Als es dadurch aber noch schlimmer wurde, überwies er ihn in ein Kloster. Doch eine Besserung seines Verhaltens hat man auch dort nicht erreicht. Er hat nachts wie ein Teufel gehaust, Fenster eingeschlagen, in ehrsamen Bürgerhäusern die Möbel zerstört. Ach, ich will nicht weiter von seinen Untaten erzählen. Man soll nichts Böses über andere weitergeben. Einer der Herren unseres Gefolges entschuldigte den Dänenkönig. Viele junge Leute stießen sich zuerst die Hörner ab und würden dann vernünftig. Sein Vater hat ihn später in Norwegen, das auch zu Dänemark gehört, als Statthalter eingesetzt, und in diesem Amt soll er sich sehr bewährt haben und sich auch jetzt in Kopenhagen ordentlich betragen.«

»Ich hörte aber«, fiel Ferdinand ein.

Da öffnete sich die Tür, und eine junge Hofdame trat ein und richtete von der Regentin aus, daß ich sogleich, angetan mit einem blauen Seidenkleid mit dem Spitzenkragen, in den Empfangssaal kommen sollte.

Meine Geschwister starrten mich entsetzt an. Nur Carlos blieb ruhig. Er schien schon alles geahnt zu haben. Doch wie kam er dazu, mich für die vom Dänenkönig gewünschte Gemahlin zu halten. Ich war ja noch ein Kind. Zwar heiratete man in Fürstenhäusern meist recht früh. Doch nein, meine geliebte Tante würde mich vor einer vorzeitigen Ehe und erst recht vor einer Heirat mit einem solchen Menschen bewahren.

Ich bebte am ganzen Leibe.

Carlos blickte mich immer noch an. Seine Augen waren traurig und ernst. »Nimm dich zusammen, Isabel«, riet er. »Wir müssen immer unsere Pflicht tun. Und noch mehr als das. Kennst du meinen Wahlspruch, der auch der deine sein soll: ›Plus ultra! Noch mehr als das Erreichbare, Höchste!‹«

Ich wurde von einer Kammerfrau schnell umgezogen. Ich wußte, daß mir dieses Kleid zwar stand, mich aber noch schmaler und kindlicher erscheinen ließ.

Ich ging zum Empfangssaal hinüber. Mein schüchternes Klopfen wurde wohl nicht gehört. Ich öffnete leise die Tür und blieb, halb verdeckt von dem grünen Vorhang, stehen. Meine Tante stand auf ihrem erhöhten Platz vor ihrem Empfangssitz. Sie sah wirklich majetätisch aus, so recht wie die Tochter eines Kaisers, des mächtigsten Kaisers. Ihre Stimme klang sehr hell und klar: »Ich weiß die Ehre zu schätzen, die Ihr, meine Herren, uns mit der Werbung um unsere Nichte erweist. Ich verstehe auch, daß es für Euren König von Vorteil ist, sich mit dem Kaiser von Deutschland, dem König von Spanien zu verbinden. – Ich kenne das Vorleben Eures Herrn. Doch wir werden es als abgetan betrachten. Was ich aber gegen Eure Werbung einzuwenden habe, das ist, daß Euer König doppelt so alt als Isabella ist, ja noch älter als ich.« Sie lachte kurz auf und fuhr dann fort: »Nicht, daß Ihr annehmt, ich hätte Verlangen nach dem Throne Dänemarks. Aber ich spreche im Interesse meiner geliebten Nichte. Sie ist auch körperlich noch gar nicht reif für eine Ehe.«

Sie erblickte mich an der Tür. Vielleicht hatte sie mich schon lange gesehen. Sie winkte. »Tritt herzu, Isabel.« befahl sie.

Ich schritt an der Reihe der dänischen Gesandten zaghaft entlang, die alle das Knie vor mir beugten. Dann ging ich rascher, flüchtete mich geradezu zur Empore hinauf zu meiner Tante. Ich stolperte fast. Sie strich mir beruhigend über das Haar.

»Mach deine Reverenz«, flüsterte sie mir zu, »aber nicht allzu tief. Du bist von höherer Abkunft als sie. Ich bin nicht eingebildet, aber oft muß man merken lassen, woher man stammt.«

Ich versank in einen meiner wohleinstudierten Knickse. »Dies ist Isabella, Erzherzogin von Österreich, Infantin von Spanien, Enkelin Kaiser Maximilians und Schwester König Carlos«, stellte mich die Regentin vor. »Sie ist klug, liebevoll, bescheiden. Und sie ist noch ein Kind. Richtet das Eurem Herrn aus. Und als Letztes und Wichtigstes. Ich habe hierbei nicht zu bestimmen. Es muß schon eine Abordnung zu Isabellas Großvater, dem Kaiser Maximilian, gesandt werden, der entscheiden wird.«

Sie entließ die Herren mit einer leichten Neigung ihres schönen Hauptes. Sie verbeugten sich alle tief vor der stolzen Frau. »Ihr werdet zur Nacht hier im Schloß unsere Gäste sein«, rief sie ihnen noch zu. »Unser Kammerherr erwartet Euch unten im Speisesaal, und dann überbringt Eurem Herrn meine Botschaft.«

»Ich blieb allein mit meiner geliebten Tante in dem Saal zurück, durch dessen hohe Fenster schon ein goldener Abendschein fiel.

Elisabeth von Dänemark, geb. Isabella Infantin von Spanien.

Kaiser Maximilian I.
Der Großvater von Elisabeth von Dänemark
(Nach dem großen Holzschnitt von Albrecht Dürer)

Maximilian mit seiner Gemahlin Maria von Burgund

Philipp I. von Spanien
Der Vater von Elisabeth von Dänemark
(Nach einem alten Kupferstich)

Kaiser Karl V.
Der älteste Bruder von Elisabeth von Dänemark

Brüssel. Das Rathaus aus dem 15. Jahrhundert
(Stahlstich, um 1840)

Margarethe I. von Österreich, Statthalterin der Niederlande. Tochter Maximilian I. und der Maria von Burgund. (Gemälde v. Mostaart, im Louvre)

Christian II. von Dänemark
Gemahl Elisabeths von Dänemark
(Gemälde von Lucas Cranach d. Ä.)

Nein, rot war er, rot wie Blut, und ich war so bange und steckte meinen Kopf tief in die Falten ihres Gewandes.

»Oh, laß mich hier, laß mich hier!« schluchzte ich.

Sie strich mir noch einmal über meine krausen, blonden Haare. »Ich kann darüber nicht bestimmen«, wiederholte sie. »Wir Fürstinnen müssen tapfer sein und tragen, was uns auferlegt wird. Ich will für dich beten, daß du Kraft bekommst für das, was dir bestimmt wird!«

Und ich selber betete auch. Abends, als ich im Bett lag, krampfte ich die Hände ineinander und schluchzte nur immer: »Vater im Himmel, heilige Jungfrau, Herr Jesus Christus, erbarmt euch! Bewahrt mich vor dem Dänenkönig!«

Am Morgen erfuhr ich, daß die Herren aus Dänemark schon aufgebrochen seien. Ich atmete auf, aber nur kurze Zeit währte meine Erleichterung. Dann wurde berichtet, daß es König Christian von Dänemark sehr eilig mit seiner Vermählung hätte, weil der Reichstag beschlossen habe, daß er nicht eher gekrönt werden sollte, bis daß er dem Lande eine Königin gegeben hätte. Darum hatten ihm die Herren, die hier waren, nur einen Eilkurier gesandt. Sie teilten ihm mit, daß sie sein Einverständnis voraussetzten, wenn sie sich sogleich auf den weiten Weg zu Kaiser Maximilian machten. Die dafür erforderlichen Wagen, die sie dazu anstatt eines Schiffes benötigten, sollten ihnen so rasch wie möglich nach Südjütland gesandt werden, wo sie sie voller Ungeduld erwarten würden, weil sie der Frau Regentin nicht so lange zur Last fallen wollten.

So blieb ich in großer Ungewißheit zurück und wurde darüber immer blasser und schmaler.

Nun würden die bevollmächtigten Abgesandten des dänischen Königs also gen Süden reisen und ihre Werbung Kaiser Maximilian vorbringen und danach nach Brüssel zurückkehren, um dessen Entscheid zu überbringen. Oh, wie bangte ich davor!

Die Hochzeit

Ich war Braut! Viele junge Mädchen werden sich als »glückliche Braut« bezeichnen. Ich konnte mich nur eine »unglückliche Braut« nennen. Und dabei durfte ich es mir nicht anmerken lassen. Ich mußte lächeln, lächeln, winken, winken vom Balkon aus zu dem lieben, guten flämischen Volk hinab, das mir zujubelte, das tanzte, von den am Spieß gebratenen Ochsen schmauste, die meine Tante, die Regentin, gestiftet hatte, von dem Wein und dem echt flämischen Bier trank, das zu jedermanns Labung ausgeschenkt wurde.

Manchmal verzog ich den Mund. Aus meinem krampfhaften Lächeln wollte ein Weinen werden. Dann umfaßte mich die Regentin noch liebevoller, mütterlicher und fester und Carlos raunte mir von der anderen Seite zu: »Bewahr Haltung, Isabel! Plus ultra! Tapfer bis zum Äußersten!«

Und plötzlich schob sich eine feste, warme Kinderhand in meine kalte Linke, und eine Knabenstimme raunte: »Wenn es dir mal ganz schlecht geht, dann komm zu mir! Ich helfe dir!«

Ach, das war mein jüngerer Bruder Ferdinand, den ich in seiner freundlichen Gutmütigkeit bisher gar nicht genug beachtet und geachtet hatte. Ob ich ihn wirklich einmal um Hilfe anflehen muß? Später, wenn er erwachsen und zu Macht gekommen ist! Meine geliebte Tante, die Regentin, meine Geschwister standen neben mir auf dem Balkon, aber nicht mein Bräutigam oder eigentlich schon mein Gemahl. Meine Eheschließung war – wie es zumeist in Fürstenhäusern der Brauch ist – per prokurationem – erfolgt, das heißt, später würde die Hochzeit und meine Krönung noch einmal in meiner zukünftigen Residenz erfolgen. An jenem Tag war ich in der Sankt-Michaels-Kirche getraut worden, und anstelle meines zukünftigen Gemahls hatte ein dänischer Reichsmarschall an meiner Seite gestanden. –

Oh, wie die Rosen ringsum dufteten, die in Girlanden die Häuser schmückten, die mir zugeworfen wurden, aber mich meist verfehlten, wie all das Glück, das man mir wünschte, mir wohl kaum zuteil werden würde. Es war der Monat der Rosen. Gesegnetes flämisches Land, wie liebe ich dich und all deine Blumen, die ich nun verlassen mußte.

»Du brauchst ja noch gar nicht so bald von uns Abschied zu nehmen«, hatte mich Carlos am nächsten Tage getröstet.

»Du siehst doch, daß noch gar keine Anstalten getroffen werden, all deine Prachtkleider, deinen Schmuck und all das, was ihr eitlen Frauen benötigt, einzupacken.«

»Aber der König hatte es doch so eilig, daß diese Trauung vollzogen wurde«, hatte ich widersprochen.

»Ach, das verstehst du nicht«, hatte mein kluger Bruder mit einem spöttischen Lächeln erwidert. »Dieser König ist bisher ja noch gar kein König gewesen, sondern nur Regent. Der Reichsrat hatte beschlossen, daß er erst gekrönt werden sollte, wenn er verheiratet wäre. Nun, das ist ja jetzt geschehen. Glaube nur nicht, daß er jetzt nach so einem Kind, wie du noch bist, große Sehnsucht hat und dich zugleich mit den Herren aus Dänemark zu sich kommen läßt. Erinnerst du dich noch, wie sie vor wenigen Tagen nach ihrer Rückkehr aus Österreich bei unserer lieben Tante erschienen, wie diese huldvoll zum Ausruhen in unserer Residenz ermuntert wurden und wie sie der Einladung folgten? Sogleich sandten sie einen Kurier mit der Freudenbotschaft nach Dänemark voraus, daß Kaiser Maximilian seine Zustimmung gegeben hatte.«

Und ob ich mich erinnerte. Meine Frau Tante hatte die dänischen Herren zur Tafel gebeten. Oh, sie hatte sich damals auch beherrschen müssen. Als sie von der Zusage ihres kaiserlichen Vaters erfahren hatte, mußte sie all ihre Bedenken, all ihre Liebe zu mir, alles, was in ihr gegen diese Ehe sprach, unterdrücken.

Sie lächelte, als die dänischen Gäste begeistert von ihrem Vater, dem Kaiser Maximilian, berichteten, wie gnädig und leutselig und zugleich ungezwungen er sie empfangen habe, wie er in den Heiratsplan gewilligt habe nach dem alten Wahlspruch:

»Du, glückliches Österreich, heirate!«

Die Einzelheiten der Vermählungsformalitäten hat er dann seiner klugen Tochter Margarethe überlassen, die den Kontrakt mit den zuständigen Herren aushandeln sollte. Ich erfuhr nur, daß ich die Gemahlin des mehr als zwanzig Jahre älteren Königs werden sollte und daß ich die hohe Mitgift von dreihunderttausend Gulden erhielte, vielmehr dem Dänen mitbrächte. Doch war meine Tante so umsichtig und vorsichtig, daß sie eisern darauf bestand, daß vorerst nur die Hälfte dieser bedeutenden Summe ausgezahlt werden würde. Kaum war der Kurier nach Dänemark fort, da kehrte in unglaublicher Eile ein anderer Eilkurier von dort zurück, der Christians dringende Forderung überbrachte, daß die Ehe gleich geschlossen werden sollte.

So war ich denn getraut worden »per procurationem«. Außer dem Reichsmarschall, der den Bräutigam vertrat, nahmen noch die dänischen Herren an der Feier teil.

Erst Anfang August kehrten sie nach Dänemark zurück. Ohne

mich, wofür ich Gott dankte, aber mit der Hälfte meiner Mitgift in einer schweren Truhe und dem Auftrag der Frau Tante, daß sie dem König ausrichten sollten, daß es der kaiserliche Hof in Wien und der Hof der niederländischen Regentin gern sähe, wenn allein schon als Dank für diese reiche Mitgift meine Krönung noch vor dem Winter erfolgen würde.

Doch Christian hatte Ausflüchte, und ich war ihm durchaus nicht böse darum. Da war sogar zuerst die Fürsorge um mich. Ich sollte die Fahrt nach Kopenhagen auf dem prunkvollsten Schiff des dänischen Landes machen, und meine Einholung sollte in großartiger Weise, wie es mir gebührte, geschehen.

Würde ich aber im schon oft sehr stürmischen Oktober oder November solch eine Seereise ertragen? Und wäre es nicht besser, wenn die Lage in dem aufrührerischen Schweden vor meiner Ankunft geklärt wäre? Zudem wollte er sich vorher auch noch als König von Norwegen krönen lassen, eine Krönung, die an mir später nachgeholt werden würde.

»Das sind natürlich nur Ausflüchte«, urteilt Carlos. »Aber du bist nicht traurig darum und wir auch nicht.«

So war ich denn verheiratet und doch Monate lang, fast ein Jahr noch keine Ehefrau. Eine Hochzeit war gefeiert worden, die gar keine rechte Hochzeit gewesen war.

»Arme Isabel«, hatte mir am nächsten Morgen der gutherzige Ferdinand leise zugeraunt.

Die Seereise

Ich war nach Dänemark eingeholt, ich war gekrönt worden. Ich war, ich bin die Königin von Dänemark.

Christian von Dänemark hatte lange gezögert, immer andere Vorwände gehabt, um dieses Ereignis hinauszuschieben.

»Du wirst sehen, Isabel, du wirst Witwe, ohne je deinen Gemahl kennengelernt zu haben«, hatte Carlos gespottet. Er hatte mich damit nicht verletzen wollen, sondern eher trösten, daß ich so lange noch im Kreise meiner Lieben bleiben konnte. Er selber würde ja auch bald die Niederlande verlassen. Ich hatte ihn mit einem herzlichen Kuß beglückwünscht, als er als Sechzehnjähriger endgültig als König von Spanien eingesetzt wurde, und er strebte danach, bald in sein Reich überzusiedeln. Er hatte mehr Spanierblut als ich in den Adern, wenn wir auch gleicher Abstammung waren. Und dieses stolze Spanierblut, dieser Stolz, ein Habsburger, ein Enkel des mächtigsten Kaisers zu sein, hatte sich wohl empört, daß dieser »kleine Dänenkönig«, wie er ihn nannte, so wenig Wert darauf legte, mich als Gemahlin vorzustellen, mich krönen zu lassen.

»Du glückliches Österreich, heirate«, hatte Carlos mit geschürzten Lippen gemeint, »als ob diese Heirat unserem gewaltigen Reich von Nutzen wäre. Was soll uns denn dieses armselige kleine Land im Norden bedeuten? Und was dagegen bedeuten wir ihm?«

Ich nehme an, daß der Kaiser selber eingegriffen hat und in einem energischen Handschreiben Christian aufforderte, die Hälfte der Mitgift zurückzugeben und auf die nur halb erfolgte Vermählung zu verzichten, die der Papst auf des großen Herrschers Antrag gewiß für null und nichtig erklären würde.

Plötzlich zeigte Christian seinen guten Willen, indem er meiner Tante wie auch meinem Großvater meldete, daß er den Auftrag gegeben hätte, eine Flotte zusammenzustellen, die seiner spanisch-österreichisch-niederländischen Gemahlin würdig wäre und die sie im nächsten Sommer nach Dänemark holen sollte.

Sein Kanzler und der Admiral schienen sich mehr beeilt zu haben, diesen Auftrag auszuführen, als ihm lieb war. Es dauerte keine drei Monate, bis die Regentin die Nachricht erhielt, daß eine Flotte von acht funkelnagelneuen Schiffen im dänischen Hafen bereit läge, nach den Niederlanden auszulaufen. Doch es dauerte noch weitere drei Monate, bis der Dänenkönig den Befehl zum Auslaufen erteilte. Ein Zögern, das Carlos als offensichtliche Beleidigung und Nichtachtung erbitterte. Wäre er schon Kaiser von Deutschland gewesen, hätten diese Schiffe, die gewiß von meiner Mitgift erbaut worden waren, für immer im dänischen Hafen bleiben können und ich in den Niederlanden, bis ein anderer, ein besserer Freier erschienen wäre, der die Ehre, mich zu ehelichen, eher gewürdigt hätte.

Doch die Regentin war gemäßigter, diplomatischer. Sie wollte keine Konflikte.

Sie begab sich mit mir, der armseligen, ängstlichen Hauptperson, mit König Karl von Spanien, meinem geliebten Bruder Carlos, mit dem Erzbischof von Mechelen sowie großem Gefolge auf die Burg von Antwerpen, dieser schönsten und reichsten Stadt der Niederlande. Hier wollten wir die Ankunft der dänischen Flotte erwarten. Mit uns harrten ihrer unzählige Neugierige drunten am Strand.

Und dann erblickten wir die leuchtenden Dreimaster, die in der Morgensonne funkelten und gleißten. Auf dem Admiralsschiff in der Mitte flatterte auf dem Großmast der Danebrog, so heißt die Flagge Dänemarks. In einem großen Bogen näherten sich die Schiffe, legten vor Anker. Prächtig waren sie anzusehen, und wenn auch Antwerpen an stattliche Schiffe gewöhnt war, so staunten doch nun alle diese großartigen Fahrzeuge an, diese Takelagen, diese wunderbar geschnitzten Gallionsfiguren mit ihren glänzenden Vergoldungen, die die Buge zierten.

Ja, König Christian hatte beweisen wollen, daß sein kleines Dänemark doch nicht so armselig war, daß es Reichtum und Größe aufweisen konnte.

Der Reichskanzler, der Reichsmarschall und eine stattliche Schar Edelleute traten an Land, wurden zur Burg geführt und dort von meiner Tante huldvoll empfangen.

Oh, das waren also die Menschen, mit denen ich fortan leben sollte! Ich erkannte davon nur den einen, der bei meiner ersten Trauung als Vertreter des Königs an meiner Seite gestanden hatte. Ich war so verschreckt, so ängstlich. Ich wollte mich hinter Carlos verbergen. Doch er murmelte mit geschlossenen Lippen: »Haltung Isabel! Zeige, wer du bist, woher du stammst! Erweise dich als ihre Königin, vor der sie ihren stolzen Nacken beugen müssen!« Und einer nach dem anderen machte mir seine Reverenz. Ein kurzes Mahl vereinte uns. Dann schritten wir zu der wunderschönen Kathedrale Antwerpens, wo ein feierlicher Gottesdienst abgehalten wurde.

Oh, und dann war die Stunde des Abschieds da. Letzte Umarmungen! Ich wurde zum Admiralsschiff geleitet, dessen Oberdeck die Mädchen Antwerpens inzwischen in einen wahren Blumengarten verwandelt hatten. Wie es blühte und duftete! Oh, ihr geliebten Blumen der flandrischen Erde!

Die Segel bauschten sich über mir wie weiße Wolken im blauen Himmel. »Du wirst eine gute Fahrt haben«, sagte die liebevolle Tante tröstend, »so ruhig sah ich das Meer noch selten. Genieße diese schöne Seereise!«

Ich sollte genießen! Ich mit meinen ungeweinten Tränen, die mir den Hals zuschnürten.

Das Fallreep wurde hochgezogen. Ich stand an der Reling. Unzählige Hände winkten mir zu. Die geliebte Tante sandte mir Kußhände. Die ersten Schiffe drehten bereits ab. Ein Beben ging durch das Admiralsschiff; und nun bewegte es sich langsam aber unaufhaltsam immer weiter, immer weiter vom Lande ab. Ich konnte nicht anders, meine Augen verdunkelten sich von Tränen. Der Reichskanzler Walkendorf trat zu mir, sprach mir väterlich Trost zu. Und weiter, immer weiter glitt das mächtige stolze Schiff, dem drei Schiffe vorausfuhren und vier folgten. Eigentlich war es wirklich eine wundervolle Fahrt. Weiße Wellen umspielten den Bug des Schiffes, der sie durchschnitt, Möwen begleiteten uns noch eine Weile.

»Ist es nicht erquicklich und erfreulich, so eine Reise auf dem deutschen Meer zu machen?« fragte mich Walkendorf. »Hier, nahe der Küste Jütlands, wären wir sowieso vor den schlimmsten Stürmen so dicht an Land geborgen. Wir wollen froh sein und Gott danken, es als ein gutes Vorzeichen annehmen, daß wir so prächtiges Wetter haben. Wenn wir die Nordspitze Jütlands umschifft haben, gelangen wir in das Kattegat. Das ist für viele Schiffe schon zum Verhängnis geworden, hat Brandholz aus ihnen gemacht. Wir müssen durch diesen gefährlichen Meeresteil fahren, um zu unserer Hauptstadt Kopenhagen zu gelangen, die auf der Insel Seeland liegt. Doch keine Angst! Diesmal ist uns das böse Kattegat gnädig, unserer jungen Königin zu Ehren.«

Doch auch weise Reichskanzler können irren. Kaum hatten wir die Nordspitze Jütlands umschifft, da verdunkelte sich der Himmel, immer mehr Wolken zogen auf, immer unruhiger wurde die See. Und dann lernte ich das Kattegat von seiner schlimmsten Seite her kennen. Wie Nußschalen wurden die stolzen Schiffe hin und her geworfen, wurden wie Spielbälle von den wütenden Wogen in die Höhe geschleudert und sanken dann wieder, als müßten wir untergehen. Mit entsetzten Augen verfolgte ich, wie die Seeleute sich mühten, die Segel einzuraffen. Würden wir je durch diesen Orkan wieder an Land gelangen?

Und wie wurde es mir da auf einmal? Oh, ich kann es gar nicht schildern. Nur wer seekrank war, weiß, wie es einem dann zumute ist, wie sterbenskrank man sich fühlt. Ich mußte natürlich von

Deck. Das war schon entschieden worden, ehe es mir so übel wurde. Was für ein furchtbares Unglück wäre geschehen, wenn der weiße Gischt, der über die Planken schäumte, mich, die Königin von Dänemark, mit in die Tiefe gezogen hätte. Ach, wäre es vielleicht nicht eine gnädige Erlösung von allem, was meiner noch wartete, gewesen? Doch in jenen Augenblicken dachte ich so etwas nicht. Ich dachte überhaupt nicht mehr. Kräftige Männerarme schleppten mich unter Deck in die Achterkajüte. Die beiden Hofdamen, die man zu meiner Betreuung mitgesandt hatte, konnten mir nicht helfen. Ihnen erging es nicht besser als mir. Mir war so übel, so übel! Der Reichskanzler und der Reichsmarschall bemühten sich, mir die Hofdamen zu ersetzen. Doch mir konnte keiner helfen. Ich flehte nur immer: »Ans Land! Irgendwo ans Land!« Und die Seeleute mühten sich, wenigstens das Kattegat zu durchqueren und die Nordspitze der Insel Seeland zu erreichen.

Gott sei Dank! Der Sturm legte sich. Ich fühlte mich etwas besser, jammerte aber immer noch: »An Land, an Land!«

So liefen die Schiffe die nördlichste Festung Seelands, Helsingör, an.

Die Königin

So habe ich also nicht in der Hauptstadt Kopenhagen, sondern in dem kleinen Helsingör zuerst den Boden Dänemarks betreten.

In höchster Aufregung kam der Kommandant der Festung herzugerannt, als acht riesige dänische Schiffe dort anlegten. Und als er erst erfuhr, daß sie die künftige Königin brachten, da erstarrte er geradezu vor Schreck. Er wußte wohl, was mir damals noch verborgen war, welch harter Herr Christian war, der das geringste Vergehen, ja oft auch noch wenn gar kein Versehen ersichtlich war, unerbittlich, häufig sogar mit dem Tode strafte.

Was sollte der arme Mann jetzt tun?

Der umsichtige Walkendorf beruhigte ihn. Es müßte sogleich ein Gemach für mich, die noch völlig erschöpft war, hergerichtet und ich sorgsam gepflegt werden. Auch für die Unterbringung des Gefolges müßte gesorgt werden, und im äußersten Notfall würden eben die geringen Edelleute in den Schiffen übernachten.

Während ich mich in einem warmen Bett erholte und eine gute, leichte Mahlzeit einnahm, die mich wieder kräftigte, wurde ein Kurier des Burghauptmanns nach Kopenhagen gesandt, der dem König ein Schreiben Walkendorfs überbrachte, daß ich glücklich (oder besser hätte er angeben müssen »unglücklich«) gelandet wäre und erst am Nachmittag des folgenden Tages in Kopenhagen ankommen würde. Die Schiffe wären zwar im großen und ganzen unbeschädigt, müßten aber überholt, neu aufgeputzt werden, und könnten in ihrem jetzigen etwas mitgenommenen Zustand keine Königin in ihr neues Reich bringen. Außerdem würde ich es nach dieser fürchterlichen Seekrankheit wohl vorläufig scheuen, mich wiederum Schiffsplanken anzuvertrauen.

Am Morgen erwachte ich frisch und fähig, Neues über mich ergehen zu lassen und mit Würde zu ertragen.

Das Wetter hatte sich völlig gebessert. Die Augustsonne strahlte in mein Schlafgemach, als eine meiner Hofdamen die Vorhänge aufzog. Aber was für ein Lärm, ein Getöse, Räderrollen, Pferdegetrappel, Menschengewoge, gedämpfte und lautere Stimmen drangen zu mir herauf!

Die Hofdame winkte mir sachte zu und deutete hinaus. Ich spähte hinter dem Vorhang auf ein unübersehbares Gewimmel von Gold starrenden Karossen, eleganten Wagen, mit glänzendem Atlas gefütterten Sänften, Reitern mit ordengeschmückten Uniformen und klirrenden Waffen. Und Volk, viel, viel Volk, das zu Fuß gekommen war, wartete meiner dort draußen. So viel Gedränge, so viele Menschen hatte Helsingör wohl noch nie erlebt.

Meine Kammerfrauen und Hofdamen beeilten sich, mich meiner Würde und diesem Empfang entsprechend anzukleiden. Ich durfte diese Edlen nicht allzu lange warten lassen, die mir zu Ehren die Fahrt oder den Ritt von Kopenhagen gemacht hatten, und mußte mich auch dem Volke zeigen, das sich die Mühe des Fußmarsches hierher nicht hatte verdrießen lassen.

Nach dem Frühstück, das ich in meinem Gemach serviert bekam, trat ich mit dem Reichskanzler und dem Reichsmarschall hinaus auf die Vortreppe und wurde mit schallendem Jubel vom Volke und mit tiefen Verbeugungen vom Adel begrüßt. Ich glaube, es war alles da, was nur gut zu Roß oder zu Fuß war, alle, die Rang und Namen hatten, nur der König war nicht gekommen, mich einzuholen.

Der weise Walkendorf merkte sogleich meine Enttäuschung, er

erriet meine Gedanken: Bin ich, die Königstochter, Königsschwester und Kaiserenkelin diesem kleinen Regenten so wenig wert?

Er beugte sich zu mir herab und flüsterte mir zu: »Der König will den Empfang besonders festlich gestalten. Er wird seine Gemahlin mit den höchsten Würdenträgern im Audienzsaal des Schlosses heute nachmittag ihrer hohen Würde entsprechend erwarten.«

Nachdem ich dem Volke, das zu mir hinaufblickte und mir unaufhörlich zujubelte, mit Winken und Lächeln gedankt und die Reverenzen des Adels über mich reichlich hatte ergehen lassen, machte ich mich nach einem kurzen Imbiß auf den Weg nach Kopenhagen. Das heißt, ich fuhr in der goldenen Staatskarosse, die mir der König gesandt hatte, an der Seite des Reichsmarschalls, während mir die lange Schlange der Kutschen, Wagen, Reiter, Sänften und das Fußvolk folgte.

Die Sonne stach. Ich wäre froh gewesen, wenn ich in einem offenen Gefährt gesessen hätte, so heiß und dumpf war es in der Prunkkarosse. Ach, aber wie bald sollte ich dankbar sein, daß ich mich in ihrem, wenn auch mangelhaften Schutze, befand.

Die Sonne prallte noch auf uns herab, als sich plötzlich ein Sturm erhob, der über meine lange Gefolgschaft, aber auch über meinen Wagen Wolken von Straßenstaub wirbelte, daß wir ganz davon eingehüllt waren.

Und dann flammte jäh ein Blitz herab, der aus dem so rasch herantreibenden Gewölk schoß. Die Pferde bäumten sich auf. Mancher Reiter hatte es schwer, mit seinem Tier zurechtzukommen. Auch die vier prächtigen Schimmel, die meine Karosse zogen, verfielen in rasenden Galopp, als wollten sie sich selbst und uns aus dem Unwetter retten, das jetzt über uns hereinbrach. Doch es nützte nichts. Es prasselte ein Platzregen auf uns hernieder, daß die Rosse wild schnaubten, daß die Sänften voller Wasser standen, daß die kunstvollen Frisuren der Damen in den offenen Kutschen sich in nasse Strähnen auflösten und an den Seidengewändern herabhingen, die nur noch nasse Fetzen waren. Die Straße war ein einziger See geworden, der Schlamm klebte an den Rädern, den Hufen, den Schuhsohlen.

Auch durch die Ritzen meiner Karosse war das Wasser gedrungen, und der umsichtige Walkendorf hatte mir aus Besorgnis, es könnte durch das Dach auf meine Haare tropfen, seinen roten kurzen Samtumhang über den Kopf gelegt. Ich fröstelte und war bis auf die Haut durchnäßt, so spritzte es von allen Seiten zu uns herein. Ach, was mag das für ein Bild gewesen sein! Ich mußte plötzlich auflachen. War es ein Schluchzen, war es dadurch gekommen, daß meine Nerven versagten?

Walkendorf schaute mich besorgt an. »Wir sind bald da!« tröstete er. »Seht, wie unsere braven Schimmel rasen. Hoffentlich rütteln sie uns nicht zu sehr durcheinander. Aber nicht weinen, um Himmels willen nicht weinend in die Residenz einziehen, Majestät.«

Ich lächelte.

»Es sind keine Tränen, sondern Wassertropfen, Regentropfen, die mir die Wangen herunter rieseln«, flüsterte ich zurück. »Ich lachte eben, weil ich mir ausmalte, wie wohl mein Bruder Ferdinand, der so gerne lacht, sich über dieses Bild meines Einzugs belustigen würde.«

Sie ist doch noch ein rechtes Kind! mochte wohl Walkendorf gedacht haben, denn er schmunzelte nun auch, obwohl er ebenfalls durchnäßt war.

Meine zukünftige Hofmeisterin, Frau Rosenkranz, nahm mich im Schloßhof mit einem tiefen Knicks in Empfang, schien aber ihrem Gesichtsausdruck nach geradezu entsetzt über meinen jämmerlichen Zustand. Sie führte mich so rasch wie möglich ins Schloß und durch düstere Gänge zu meinen Gemächern.

»Rasch! Rasch!« hatte ihr Walkendorf leise befohlen. »So darf sie keiner, am wenigsten der König, erblicken. Der erste Eindruck ist immer der maßgebende. Ich werde sogleich dem König mitteilen, daß der Empfang bis zum Abend verschoben werden muß. Da dieses Unwetter ja auch hier gewütet hat und alle seine Würdenträger ebenso zugerichtet sind und sich, wenn auch nicht erholen, doch von Kopf bis Fuß umziehen müssen, wird er Verständnis für diese Verzögerung haben. Außerdem wird er Kuriere senden, die versuchen müssen, trotz der schlammigen Straße und des Menschengewimmels die Troßwagen zu erreichen und zu veranlassen, daß sie so rasch wie möglich hierher kommen und die Kleidungsstücke der jungen Königin bringen, damit sie sich umziehen kann.«

Nein, so wie ich da im Schloß angekommen war, konnte ich nicht vor meinen Gemahl treten.

Die kluge Frau Rosenkranz sorgte dafür, daß ich von den durchnäßten Kleidern befreit wurde, von einer Hofdame ein Nachthemd geliehen bekam und dann in ein wohlig erwärmtes Bett gesteckt wurde. Es schien mein Schicksal zu sein, in meiner neuen Heimat immer in Betten verstaut zu werden.

Als endlich die riesigen Koffer von den Troßwagen gehoben, in meine Gemächer getragen und ausgepackt worden waren, konnte ich nach langem Warten wieder richtig angekleidet werden. Ich wählte selber das kostbare, mattblaue Kleid, das mir die Stadt Brüssel zum Abschied geschenkt hatte. Mit seinem Mühlsteinkragen aus feinster Spitze und dem silbernen Überwurf machte es gewiß einen würdigen Eindruck. Mein Haar wurde neu geordnet, um den Hals die edelsteinbesetzte Kette mit dem kostbaren Anhänger geschlungen, den mir Kaiser Maximilian zur Hochzeit gesandt hatte.

»Sie sieht jetzt ganz reizend aus«, hörte ich hinter mir flüstern. Ich blickte in den Spiegel. Ja, ich war keine Schönheit, würde es nie sein, aber ich war ein hübsches Mädchen und würde wohl auch eine ansehnliche Königin werden.

Von Walkendorf und dem Reichsmarschall geleitet, betrat ich den Audienzsaal. Die niederländischen Edlen, die mich bis Kopenhagen begleitet hatten, sowie die dänischen Adligen, die mich in Brüssel abgeholt hatten, folgten mir.

Wieviel Augen waren auf mich gerichtet! Und da stand er, Christian, mit dem ich von nun an leben sollte, dem ich Treue bis zum Tode geschworen hatte und diesen Schwur in der Kopenhagener Frue-Kirche nochmals wiederholen würde.

Mein Gemahl! Er sah alt aus, wenn auch nicht wie ein Greis, aber mir jungem Ding erschien er doch recht bejahrt. Er hatte ein strenges, ja hartes Gesicht mit scharfen Falten auf der Nasenwurzel. Doch als ich ihm gegenübertrat, einen tiefen Knicks machte, lächelte er freundlich, was ihn sehr verschönte.

Er ging auf mich zu, reichte mir die Hand und sagte: »Ich freue mich, meine liebe Gemahlin endlich persönlich kennenzulernen. Ich will hoffen, daß sie sich in meinem Reiche glücklich fühlen wird.«

Ich antwortete in dem Dänisch, das, obwohl ich es jetzt beinahe ein Jahr hindurch in Brüssel gelernt hatte, noch etwas stockend war, den eingeprägten Satz: »Ich will meinem Herrn Gemahl eine gute Gattin, seinem Land eine gute Königin sein!«

Und danach begannen die Huldigungen der Edelleute, deren Damen am übernächsten Tage wieder mit Schmuck und in vollem

Glanze ihrer Seidenkleider und hochgetürmten Frisuren in der Kirche prangten, in der ich mit Christian getraut und anschließend gekrönt wurde. Kanonen donnerten weit über das Land: Dänemark hatte eine Königin.

Nun bin ich Elisabeth von Dänemark. Ich hatte meinen Mädchennamen, der hier so fremd klang, zu allem anderen, was mir lieb war, aufgegeben.

Fahrten durch das Land

Ich hatte Heimweh. Ich überlegte, was wohl schlimmer sei: Heimweh oder die Seekrankheit, die ich gerade überstanden hatte. Aber Heimweh ist viel, viel ärger. Es zehrt nicht nur am körperlichen Befinden, es zerreißt das Herz, und es ist bei ihm nicht so wie bei der widerlichen Seekrankheit, die aufhört, sobald man wieder den Erdboden unter den Füßen verspürt und von der man sich dann rasch erholt. Ich sann weiter nach: Heimweh würde auch verschwinden, wenn ich wieder auf dem Boden der Heimat stände. Ach, das würde nie, nie mehr geschehen.

Würde dieses düstere, mächtige Schloß mit seinen Burggräben, seinen Fallgattern, seinen trotzigen Türmen mir je zur Heimat werden? Und war sein Inneres nicht noch furchterregender als sein stolzes Äußere?

Wenn ich durch die hallenden Gänge zum Audienzsaal oder zum Eßsaal gehen mußte, schauten mich von den Wänden die Gemälde all der Könige und Königinnen an, die einst hier gelebt hatten. Harte Gesichter blickten aus den schwarzen Holzrahmen, und neben diesen Schrecken einflößenden Männern war keine freundlich lächelnde Frau zu sehen. Auch sie erschienen herzlos, oder war ihr Herz in dieser finsteren, lieblosen Umgebung versteinert? Sprach nicht aus manchen Augen Schwermut und Traurigkeit? Würde ich später auch so aussehen, so ein Bildnis von mir gemalt werden? Ich lief fast, so rasch wollte ich diesem Anblick entrinnen. Am spanischen und österreichischen Hof wäre mir so eine Hast verboten worden. Doch hier in Dänemark herrschte wohl noch nicht so ein jahrhundertealtes Zeremoniell. Ich hörte nur einmal, wie ein Edelmann leise hinter mir herraunte: »Ja, die Jugend!«

Doch es muß aufgefallen sein, daß ich mich in dieser Umgebung nicht wohl fühlte. Sogar der König hatte es bemerkt. Ich konnte mich eigentlich nicht über ihn beklagen. Er war nicht gerade liebevoll zu mir. Ach, wo findet man das wohl in fürstlichen Ehen! Doch er war aufmerksam, höflich, zuweilen sogar freundlich zu mir. Wir nahmen mittags und abends die Mahlzeiten gemeinsam ein. Doch gleich nach dem Abendessen wurden mir zwei dicke Kerzen in goldenen Haltern vorausgetragen, Christian bot mir sehr höflich den Arm und brachte mich in mein Schlafgemach, wo er nur selten noch etwas verweilte.

Ich nahm an, daß er noch viele Regierungsgeschäfte zu erledigen hatte. Doch einmal, als ich noch müßig am Fenster stand, sah ich eine schlanke, in einen dunklen Mantel gehüllte Gestalt das Schloß verlassen und sich zur Stadt hinab begeben. Ich erschrak. Mein Herz klopfte. War das nicht der König selber gewesen?

Doch dann schalt ich mich aus. Die Zeiten, da er als junger Bursche auf den Straßen herumrandalierte, waren ja längst vorüber. Auch in eine der Seemannskneipen würde es ihn nicht, wie dazumal ziehen. Es wäre ja geradezu gefährlich für ihn. Die Achtung des Volkes für seinen Herrscher wäre dahin, denn er würde auch im schlichten Mantel sofort erkannt werden.

Ich schalt mich wirklich ganz energisch aus. Was man sich so alles einbilden kann, wenn man sich so verlassen und einsam in einem düsteren, unheimlichen Schloß fühlt.

Nachdem ich mich selber so zur Vernunft gerufen hatte, überkam mich eine jähe Angst. Wenn ich schon solche dunkle Gestalten in der Nacht erschaute, wenn mir solch böse törichte Gedanken kamen, war dann vielleicht nicht etwas von dem Erbe meiner armen wahnsinnigen Mutter in mir. Ich schrie auf, warf mich über das Bett. Mit zitternder Hand erreichte ich noch den Klingelzug neben mir.

Eine Kammerfrau kam herbeigeeilt, sah mich so verzweifelt schluchzend auf dem Kissen und den Decken liegen und stürzte wieder hinaus, um die Oberhofmeisterin Frau Rosenkranz zu holen.

Auch diese gute Frau stand ratlos an meinem Bett, denn mein Schluchzen hatte sich zu einem wilden Weinkrampf gesteigert. Sie setzte sich neben mich, strich mir über den Kopf und fragte sanft, was mich so erschüttert hätte. Trotz meiner Aufregung war ich aber noch so klar bei Verstand, daß ich mich wohl hütete, ihr von meiner Befürchtung, daß ich das Erbe meiner Mutter in mir verspürte, zu sprechen.

Durch mancherlei, was ich hie und da, wenn man glaubte, ich verstände noch nicht genug die dänische Sprache, erlauscht hatte, wußte ich, wie bedenkenlos und gnadenlos Christian gegen Schuldige und Unschuldige vorgehen konnte, gegen alle, die ihm irgendwie plötzlich im Wege waren. Und so hütete ich mich, ihm einen Vorwand zu geben, daß er mich als Geisteskranke hätte einsperren lassen können, wenn dann wohl auch mein Bruder und mein Großvater eingegriffen hätten. Doch an ihre Hilfe dachte ich nicht in meiner Verzweiflung.

Immerhin nahm ich mich zusammen und erklärte Frau Rosenkranz nur, es wäre ganz plötzlich das Heimweh über mich gekommen. Die Gute lächelte mild und tröstete, daß so ein Anfall wohl mit meinem Zustand zusammenhing und alles anders würde, wenn mein erstes Kindlein zur Welt käme. Die Gute ahnte nicht, daß ich kein Mutterglück erwartete und bisher immer noch ein Kind war.

Schon am nächsten Morgen erfuhr ich, daß der König sich um meinen Gesundheitszustand kümmerte. Der Hofmedicus wurde mir gemeldet, der mich auf Befehl des Königs aufsuchen sollte. Ich erschrak schon wieder sehr.

Hatte Frau Rosenkranz meinem Gemahl von meinem Weinkrampf berichtet, und sollte ich nun auf meinen Nerven- und Gemütszustand untersucht werden? Drohte mir das Schicksal meiner Mutter? Sollte ich als wahnsinnig erklärt werden?

Doch als der alte würdige Herr in mein Schlafgemach trat, hatte ich sogleich Zutrauen zu ihm. Er untersuchte mein Herz, erkundigte sich nach meinem Appetit und stellte noch einige Fragen, bei deren Beantwortung er immer weise mit dem Kopf nickte. Zum Schluß erklärte er mir und der angstvoll neben ihm stehenden Oberhofmeisterin, daß ich kerngesund wäre, und daß mir nur eines fehlte: frische Luft. Hier in dem Schloß mit seinen dicken feuchten Steinquadern müßte solch ein Blümlein wie ich ja seine Farben verlieren. Er verordnete mir als einziges, daß ich jeden Tag eine Ausfahrt machte, aber nicht in den stickigen Straßen der Stadt oder hier am Hafen, wo es nicht gerade erfreulich nach allem Möglichen roch, sondern an die See, in den Wald, überall dorthin, wo frische

Luft wäre, und das wollte er nun auch dem König als Heilmittel vermelden. Er wunderte sich nur, daß meine Umgebung nicht von selber darauf gekommen wäre, daß ich in diesen düsteren Gemächern langsam verblassen müßte.

Oh, dachte ich bange, Christian würde doch nicht die liebe, mütterliche Frau Rosenkranz dafür zur Rechenschaft ziehen.

Ich ging recht verschüchtert zum Mittagessen. Doch der König, der schon bei Tisch saß, blickte mir recht freundlich entgegen. »Also, das ist die ganze Krankheit meiner lieben Frau Gemahlin«, rief er mir entgegen, »und das ist die beste Medizin: frische Luft. Ich habe schon Befehl gegeben, daß angespannt wird, aber keine stickige Karosse, sondern ein offener Wagen. Wir fahren hinaus an die Küste Seelands und schöpfen ermunternde Meeresluft. Ich hoffe, meine liebe Gemahlin bekommt jetzt keinen Schrecken und fürchtet sich vor der bösen See.

Sie braucht ja kein Schiff zu besteigen. Das kommt später, viel später einmal, denn unser Dänemark ist ja ein Inselstaat. Dann wird sie den Bewohnern auf den Inseln vorgestellt werden. Doch es sind nur kleine Zwischenräume zwischen den einzelnen Inseln und vorläufig warten wir noch damit. Nun tüchtig gegessen! Meeresluft macht hungrig und ich möchte uns nirgends zum Imbiß anmelden, sonst vergeht vor lauter Andrang Schaulustiger und Auftischen mancherlei Genüsse durch die Gastgeber alles, was die gute Luft bewirken sollte. Wir winken und lächeln nur, wenn man uns erkennt und grüßt.«

So viel und so freundlich hatte ich Christian noch nie reden hören. Ich faßte neuen Mut, daß unsere Ehe, wenn auch nicht gerade glücklich, doch befriedigend werden könnte. Ach was wußte und ahnte ich denn damals, was ihn in solch gute Laune versetzt hatte. Was wußte ich davon, wo er seine Abende, seine Nächte zubrachte.

Wir saßen bald danach in einem leichten, offenen Wagen, Frau Rosenkranz mir gegenüber und neben ihr Walkendorf. Mein Gemahl war immer noch sehr guter Laune.

Während der Kutscher, dem ein Lakai beigeben war, die glatten rotbraunen Pferde in flottem Trab aus der Stadt hinauslenkte, scherzte Christian: »Deine Oberhofmeisterin muß darauf achten, daß dir die böse See nicht wieder etwas antut und Walkendorf, daß ich brav auf dem Pfade der Tugend bleibe. Du wußtest wohl noch gar nicht, daß er nicht nur mein Vertrauter und langjähriger Freund und Berater, sondern auch Probst, also geistlicher Herr ist!«

Ja, darüber machte ich so große Augen, daß die drei anderen lachten.

Bald erreichten wir den Küstenweg, der mir noch völlig fremd war. Bei meinem unglückseligen Einzug hatte ich vor Menschenmengen und dem späteren Unwetter gar nicht auf die Straße geachtet. Wir waren damals mitten durch das Land gefahren. Jetzt blieben wir dicht am Meeresstrand, und das Wasser war so blau wie der Himmel, und seine Wellen hüpften wie brave Lämmer am Strande entlang. Hie und da erblickte ich zur Linken ein kleines Fischerhaus mit tief herabgehendem Reetdach und vielen bunten Herbstblumen vor der Tür und den winzigen Fenstern.

Und welche wundersame Luft umfächelte mich. Oh, es war wunderschön an der Küste von Seeland!

Als wir an der Spitze von Helsingör ausstiegen, mahnte der König wie ein fröhlicher Junge: »Wir wollen uns ja nicht verraten, sonst bekommt der Festungskommandant wieder Ängste und seine Frau nicht minder. Wir wollen hier nicht bewirtet werden.«

Wir wanderten durch einen Torbogen über einen holprigen Hof und dann an einer hohen Mauer vorbei zum Strande hinunter. Ich wäre über Steine gestolpert, wenn mir nicht Christian wieder liebenswürdig den Arm geboten hätte. Frau Rosenkranz und Walkendorf schritten hinter uns, und ich hörte meine Oberhofmeisterin leise sagen: »Ich glaube, es wendet sich alles zum Guten«, worauf Walkendorf ebenso gedämpft antwortete: »Meinen Sie? Heute wurde in einem prächtigen Haus am Markt eingezogen.«

Was das nun mit unserm Ausflug zu tun hatte, habe ich nicht begreifen können, und meine Oberhofmeisterin schwieg auch.

Am Ende des Weges blieben wir dicht am Ufer stehen. »Schau geradeaus!« forderte mich Christian auf, »siehst du ganz dicht vor uns die Häuser, die Küste? Das ist Schweden! Es zieht sich noch weit landeinwärts, und ein Stück dieser Küste ist auch noch schwedisch. Es ist ein schönes, reiches Land, aber es wird mir noch viel zu schaffen machen. Als die kluge Margaretha Dänemark und nach dem Tode ihres Mannes auch Norwegen regierte, riefen sie die Schweden, die mit ihren Herrschern nicht zufrieden waren, um Hilfe. Da wurde die sogenannte Kalmarische Union gegründet, die alle drei Reiche vereint. Doch die Schweden wollen ständig ausbrechen. Wenn du die Küste drüben noch weiter gen Norden betrachtest, erblickst du vielleicht schon im Dunst die Riffe Norwegens. Ganz nahe der Küste liegt die Hauptstadt Oslo, wo ich Statthalter und – sehr glücklich war. Norwegen ist kein so reiches, aber ein außergewöhnlich schönes Land. Seine Fjorde reichen bis tief in das felsige Land hinein. Wasserfälle stürzen aus den Höhen steil herab, und ihr Gischt verwandelt sie in weiße Schleier. Man staunt, daß sich hoch oben auf kleinen grünen Rasenflecken Menschen in winzigen bunt bemalten Häuschen angesiedelt haben und einige Schafe, Ziegen, vielleicht auch noch ein Pferdchen dort weiden. Auf schmalen Pfaden erreichen die Bewohner die Fjorde in der Tiefe, und dort haben sie ein Boot, das sie zu einem kleinen Ort am Ende des Fjordes bringt, wo Kirche, Schule und eine Einkaufsstelle sind. Doch am schönsten von allem ist die Stadt Bergen. Sie ist wie Kopenhagen, das ja eigentlich Kaufmannshof bedeutet, eine Kaufmanns- und Seefahrerstadt, inmitten hoher Berge gelegen, doch davor erweitert sich der Sund in die Weite des Meeres. Du wirst auch einmal mit mir dorthin fahren, wenn du keine Angst mehr vor der Seefahrt hast. Dann sollen sie dir in der Königshalle huldigen, so wie sie es mir als Statthalter auch getan haben. Es war ein wundervoller Zusammenklang von bunten Damenkleidern, funkelnden Orden auf den Uniformen und Samtanzügen der Edlen und . . .« Er schweigt plötzlich, zieht die Stirn zusammen, blickt in die Ferne, als sähe er dort etwas.

»Fehlt meinem Gemahl etwas?« fragte ich besorgt.

Er schüttelte den Kopf: »Nein!« antwortete er und dann murmelte er: »Ja, da war . . .« Und weiter hörte ich nichts.

Wir fuhren in einem ebenso raschen Tempo zurück. Es war eine herrliche Fahrt gewesen, und bei der Abendtafel wurde von allen festgestellt, daß ich rote Wangen und blanke Augen bekommen hätte.

»Wir müssen das schöne Spätsommerwetter noch ausnützen«, sagte der König, »wie rasch können die Herbststürme daherbrausen. Morgen werde ich meiner Gemahlin zeigen, daß Dänemark nicht nur an seiner Küste schön ist, sondern auch herrliche Wälder hat. Dorthin wollen wir fahren.«

Ich freute mich sehr über diesen Vorschlag und ging so fröhlich wie noch nie hier in Kopenhagen zu Bett.

Am nächsten Nachmittag fuhren wir durch einen herrlichen

Buchenwald. Ich bat, noch ein wenig weiter und in einen Nebenweg einzubiegen. Ich wußte nicht, warum Walkendorf den König so seltsam fragend anblickte. Doch Christian nickte ruhig und bald tauchte vor uns ein reizendes kleines Schlößchen auf.

»Oh, da möchte ich einmal wohnen«, rief ich entzückt, »da werden einem morgens die Vöglein ins Fenster hinein singen und die Rehe kommen zu Besuch!«

»Du würdest dich graulen hier in der Einsamkeit«, meinte der König. »Wir wollen umkehren« befahl er dann.

Bei der Abendtafel erzählte ich von dem reizenden Hexenhäuschen. Da blickte der König mich scharf an. »Wer hat hier von einer Hexe gesprochen?« fragte er streng.

»Nun, wenn der Herr König von dort mit uns auf die Jagd ritt und wir auch dort wieder einkehrten und einen Trunk nahmen, war die Alte wohl einer Hexe ähnlich«, meinte Torben Oxe, der Schloßhauptmann.

»Die alte Kastellanin ist keine Hexe«, tadelte Christian scharf, »außerdem werden wir von jetzt ab ein anderes Jagdgebiet aussuchen, damit die Königin im nächsten Frühjahr dort die Anemonen auf dem grünen Teppich unter den hohen Buchen ungestört bewundern und sich mit den Rehen anfreunden kann, wovon sie schwärmte.«

Wieder lachten alle unterwürfig.

»Das Schlößchen ist jetzt unbewohnt«, fügte Christian noch hinzu und hatte wieder die scharfe Falte auf der Stirn. War er nicht mehr so fröhlich über unsere Ausfahrt?

Doch bald darauf redete er wieder freundlich mit mir, brachte mich aber bald in mein Schlafgemach, damit ich mich von der Anstrengung der beiden Ausflüge gut erholen könnte. Ich war ihm sehr dankbar für die schönen Stunden. Schlafen konnte ich zwar noch nicht so bald, wie er angenommen hatte. Vielleicht war ich noch zu erregt von all dem Erlebten. Ach, dieses Schlößchen, wie verführerisch war es mir erschienen! Sogar ein Park umgab es und ein Teich, worauf eine rosa Wasserrose schwamm, breitete sich daneben aus. Wer mochte darin gewohnt haben? Christians Mutter? Es stand aber wohl noch nicht so lange leer. Ich wollte gelegentlich einmal fragen, aber nicht den König. Er hatte solch ein seltsames Gesicht gemacht, als von dem »Hexenhäuschen« geredet wurde. Doch was suchte ich Geheimnisse, wo gewiß keine waren.

Wieviel kleine Jagdschlösser mochte es im Lande geben. Ich stellte mich im Nachthemd noch ein wenig hinter den Vorhang und blickte hinaus. Wie würde jetzt die See im Mondschein gleißen!

Und wie ich es noch so dachte, erblickte ich wieder die schlanke Gestalt vom Schlosse her über die Brücke in die Stadt eilen. Es konnte doch nicht der König sein! Ich wollte auch niemand danach fragen. Es wurde mir nach aller Freude der vergangenen Tage so bange ums Herz. Warum nur?

Die wilde Jagd

Jäh waren die schönen sonnigen Spätsommertage zu Ende und der erste Herbstglanz war erloschen, der die Wälder so bunt gemalt hatte, durch die ich noch mehrmals – meist in Begleitung von Frau Rosenkranz – gefahren war.

Es war mir, als hätten die Stürme im unwirtlichen Norden nur darauf gelauert, wie die wilde Jagd – wovon man hier abergläubisch raunte – über Dänemark dahinzubrausen. Sie heulten und tobten rings um das Schloß, das über der Stadt erhöht trotzte und darum dem Wüten mehr ausgesetzt war. Es klang wie Peitschenknallen und wildes Schreien, wie Jammern und Heulen all derer, die hier ungerecht zum Tode verurteilt oder in den Kerkern verschmachtet waren. Es war schauerlich und ich erbebte, ich fror, daß ich zitterte trotz der lodernden Feuer in den Kaminen. Ich wurde immer stiller. Ja, wie sollte ich noch jugendlich lachen, herumtollen wie einst in Mechelen! Meine Hofdamen, an ihrer Spitze Frau Rosenkranz, umsorgten mich mütterlich. Sie hätten ja ihrem Alter nach auch meine Mütter oder Großmütter sein können. Von ihnen konnte ich keine Ermunterung erwarten, wenn sie wie Fledermäuse, in ihre dunklen Umschlagtücher gehüllt, durch die Gänge huschten.

Ich wußte nicht, wo ich mir Trost und Ermunterung holen konnte. Eines Morgens begab ich mich in die Schloßkapelle, suchte, ja was denn? Ich glaube, ich suchte Gott, den Vater, der mich tröstend in die Arme nehmen sollte. Als ich aber in dem dämmrigen Raum kniete, der nur durch bunte verstaubte Fenster erhellt war, fror ich so erbärmlich, daß ich die Hände vor das Gesicht schlug und weinte. Ich erschrak, als ich eine Hand auf meiner Schulter spürte und blickte auf. Vor mir stand mein Beichtvater, den mir seine Heiligkeit, der Papst, persönlich auserwählt und von Rom in den kalten Norden gesandt hatte. Es war ein stiller, gutherziger Mann, mit dem ich mich aber kaum unterhalten konnte, da er weder Flämisch noch Deutsch verstand und nur sehr wenig Dänisch gelernt hatte. Die Gottesdienste hielt er ja in lateinischer Sprache, wie es Brauch war.

»Majestät sind eine treue Tochter der Heiligen katholischen Kirche«, sagte er stockend. »Sie wird Euch trösten.«

Ich floh aus der Eiseskälte der Kapelle in meine Gemächer zurück. Wahrscheinlich hatte mein Beichtvater sich danach irgendwie dem König verständlich gemacht und ihn seine Sorge um mich wissen lassen, denn danach trat der König bei mir ein. Ich hatte gerade meine Harfe hervorgeholt und spielte leise darauf, summte einige flämische Lieder. Der König nickte mir zu.

»Singe doch lauter!« munterte er mich auf.

»Ihr würdet es doch nicht verstehen. Es sind Lieder in »Brabanter Dietsch«, erwiderte ich, »und sie machen mich nur noch trauriger.«

»Du bist sehr blaß«, stellte er fest. »Es ist auch kein Wetter für eine Ausfahrt. Ich werde Befehl geben, daß in dem kleinen Gemach neben dem Deinen ein helles Feuer flammen soll. Dort wird es am ehesten warm, und es liegt am geschütztesten vor dem Sturm. Von jetzt ab wollen wir dorthin unsere Mahlzeiten verlegen, damit du nicht so frieren brauchst.«

»Es wird darin zu klein sein«, wandte ich ein.

»Wir beide nehmen unser Abendessen allein ein«, erklärte er, »und im großen Speisesaale brauchst du auch nicht mehr zu erscheinen, so lange es so kalt und stürmisch ist. Damit der Hofstaat aber nicht annimmt, wir beide hätten uns erzürnt, werde ich dir dann auch, so oft es meine Zeit erlaubt, Gesellschaft leisten.«

»Majestät sind sehr gütig«, antwortete ich leise.

Er lächelte, was ja selten bei ihm zu bemerken war.

»Es weilt zur Zeit hier in der Stadt ein hochgelehrter Mann. Ich habe ihn sogar schon unter meine Beamten aufgenommen und ihn dank seiner Weisheit Walkendorf, der ja auch das Amt meines Geheimsekretärs bekleidet, als Hilfe zur Seite gestellt. Dieser Gelehrte kommt geradewegs aus Rom und versteht neben vielen Künsten auch viel von den neuesten Errungenschaften der Mediziner. Ich werde ihn dir morgen früh, wenn du deine erste kleine

Mahlzeit eingenommen hast, in dein Schlafgemach bringen, daß er sich über deinen Gesundheitszustand ins Bild setzen und dich beraten kann. Ich lege großen Wert darauf, daß du dich wieder erholst. Ich hoffe, daß du mit diesem Plan einverstanden bist.«

Was blieb mir anderes übrig als zuzustimmen?

Am nächsten Morgen trat der König bei mir ein, ihm folgte ein kleiner Mann, der sich so unterwürfig ein über das andere Mal verbeugte, daß es aussah, als schlängelte er sich auf mich zu. Als ich den Fremden endlich richtig betrachten konnte, erschrak ich. Was für ein seltsamer, ein unheimlicher Mensch!

Wirres schwarzes Haar hing ihm über die gelbliche Stirn. Zerfurcht war sein blutloses Gesicht, und ein zotteliger Spitzbart ließ ihn wie einen Ziegenbock erscheinen. Am schauerlichsten waren seine tiefliegenden schwarzen Augen, die mich anglühten.

Ich bemühte mich, diesem geradezu dämonischen Blick tapfer standzuhalten. Doch unter meiner schweren Damastdecke krampfte ich die Hände ineinander und flehte stumm: »Herr, steh mir bei!«

Der grausige Gast zuckte zusammen, als hätte er verspürt, daß ich eine andere Macht zu Hilfe gerufen hatte.

Mit seinem medizinischen Rat war er rasch bei der Hand. Wieder mit vielen Verbeugungen die mich an eine sich windende Schlange gemahnte, erklärte er, daß die neueste Errungenschaft der Ärzte wäre, zur Ader zu lassen, und das wollte er bei mir nun auch tun.

Ich richtete mich auf, fühlte mich gar nicht mehr so schwach und widerstandslos und sagte: »Meine Tante, die Statthalterin der Niederlande, hat sich über diese gar nicht mehr so neue Errungenschaft in ihrer bestimmten Art geäußert. Sie erklärte, daß so ein Aderlaß für dickbäuchige, rotgesichtige alte Herren wohl angebracht wäre, um ihr schwerfälliges Blut etwas anzuregen, aber zarte Frauen würden noch geschwächter, wenn ihnen Blut abgezapft würde. Ich halte mich an diese Beurteilung meiner Frau Tante, deren kluge energische Taten und Entscheidungen wohl bekannt sind und weigere mich entschieden, mich zur Ader zu lassen. Ich nehme an, daß mein königlicher Gemahl auch nicht wünscht, daß ich noch blutleerer und blasser und matter werde.«

Der König nickte mir zu. Der Fremde verbeugte sich ergeben, warf mir aber einen gehässigen Blick zu.

»Demnach braucht die Frau Königin ein Mittel zu Ermunterung, das ich hier in der Küche rasch bereiten werde. Ich brauchte nur ein Glas und einige Zutaten zu meinem Rezept«, sagte er. Ich winkte bereitwillig Frau Rosenkranz zu, und sie entschwand mit diesem Fremden.

»Ich hoffe, er wird dir helfen«, sagte der König knapp und entfernte sich gleichfalls.

Zehn Minuten danach schallte mein Schreien durch das ganze Schloß. Ich hatte die fürchterlich schmeckende Medizin trotz meines Widerwillens geschluckt. Sie hatte wie Feuer gebrannt, als sie die Speiseröhre hinabgeflossen war, und dann war es wie höllisches Feuer in meinem Magen aufgeflammt.

Frau Rosenkranz umfing mich, ließ eine Schüssel von einer Kammerfrau holen und gab zugleich den Befehl, mir Kamillentee zu kochen. Eine zweite sandte sie, so rasch wie möglich den Hofmedicus herbeizubeordern. Sie allein wollte die Verantwortung nicht tragen, und es schien ihr, als wenn ich vergiftet wäre.

Sie setzte sich auf meine Bettkante, hielt mir die Schüssel hin und half mir, daß ich das üble Zeug erbrechen konnte.

Der gute alte Hofmedicus, der so schnell herbeigeeilt war, daß seine Rockschöße flogen, stellte an dem kleinen Rest der scheußlichen Mixtur fest, daß es sich um den übelsten Branntwein, vermischt mit Pfeffer aus der Küche, gehandelt hatte. Er lobte Frau Rosenkranz' tatkräftige Umsicht und versprach am Nachmittag wiederzukommen. Kaum hatte er mein Schlafgemach verlassen, kehrte der König samt dem Gelehrten zu mir zurück, um nach dem Grund meines Geschreies zu fragen.

»Vergiften hat mich dieser Lump wollen«, rief ich empört. »Branntwein, elenden Fusel mit Pfeffer hat er mir gereicht. Hätte ich diese teuflische Mixtur nicht ausgebrochen, wäre ich jetzt wohl dahin, wo er mich haben wollte.«

Der König sah seinen Schützling fragend an.

»Die Krankheit ihrer Mutter macht sich bemerkbar«, raunte dieser dem König mit vielen Bücklingen zu.

»Was!« schrie ich auf. »Für wahnsinnig wollt ihr mich erklären! Bedenkt, daß mein Bruder König Karl und bald Kaiser von Deutschland von derselben Mutter stammt. Sperrt mich meinethalben als wahnsinnig ein, viel schlimmer als hier kann es nicht werden. Aber meine hohen Verwandten, die Frau Statthalterin, der König, der Kaiser werden sich um mich kümmern.«

»Als ob die je ein Handschreiben über Euren Zustand erreichen würde«, wagte jetzt dieser Frechling zu spotten.

»Und wenn sie eine Zeitlang keine Zeile, die ich mit eigener Hand geschrieben habe, erhalten, werden sie hierher kommen«, antwortete ich stolz.

»Bei diesem Wetter über das Meer?« fragte der Fremde höhnisch.

»Vergeßt nicht, daß sie Flotten haben, daß in meiner Mitgift sogar die Waffenhilfe der Niederlande versprochen ist. Und diese Waffenhilfe wird kommen, auch die von Spanien und Deutschland.«

»Sie ist wirklich wahnsinnig, das Blut ihrer Mutter«, flüsterte dieser Unmensch dem König zu.

Ich sprang aus dem Bett: »Und das stolze Blut der Spanier und der Habsburger ist in mir«, entgegnete ich.

Der unheimliche Geselle kam langsam mit ausgestreckten Händen auf mich zu. Wollte er mich beschwören, unter seinen Bann bringen? Wie gräßliche Spinnenbeine kamen mir seine mageren, langen dünnen Finger vor. Wie sollte ich mich verteidigen? Wie konnte ich verhindern, daß er mich berührte. Der König stand am Türrahmen gelehnt und beobachtete mich und diesen Zauberkünstler. Von ihm kam keine Hilfe.

Er wartete wohl als unbeteiligter Zuhörer mit großer Spannung die Entwicklung dieses noch nie erlebten Vorganges ab. Und er sollte etwas zu sehen bekommen.

Ich griff zu dem schweren Silberleuchter, der neben meinem Bett stand und den ich sonst kaum heben konnte, hielt ihn hoch über meinen Kopf und schleuderte ihn dann auf den widerlichen Gesellen mit einer Wucht und Kraft, wie ich sie mir selber nie zugetraut hätte.

Mit einem riesigen Sprung rettete er sich rückwärts in das Nebengemach. Der Leuchter krachte hinterher, auf den Boden.

Ich sank wieder auf mein Bett, aber nicht schwach und kraftlos. Ich merkte, wie meine Wangen glühten, wie meine Augen funkelten. Und dann lachte, lachte ich über den Bocksprung dieses widerlichen Menschen, der wohl aus der wilden Jagd entsprungen war.

»So«, rief ich dann, »so, mein Herr König, nun könnt ihr mich als Wahnsinnige einsperren lassen!«

Dabei blickte ich zu ihm hinüber, vermutete ein in Wut verzerrtes Gesicht zu sehen. Frau Rosenkranz harrte bebend an der Seitentür der weiteren Entwicklung. Und – was erblickte ich? Der König lachte, und wie er lachte.

»So gefällst du mir, spanisch-österreichisches-flandrisches Mädchen«, keuchte er, »so wollen wir gute Freunde sein!« Er reichte mir die Hand und fügte gemäßigter hinzu: »Oder wolltest du etwa mich treffen?«

»Oh nein, wie käme ich dazu, Majestät zu verletzen?« erwiderte ich lächelnd. »Ich habe bei meinen Brüdern gut zielen gelernt.«

»So werde ich dir jetzt eine Pistole verehren müssen«, scherzte er. »Und nun ruhe dich aus. Zum Mittagstisch wirst du nicht erwartet, obwohl dich gewiß viele lachende Gesichter und manche geheime Anerkennung erwarten würde, denn der wirklich vorzügliche Slagheck ist als Fremder bei Hofe nicht beliebt. Heute abend – so hoffe ich – wird meine kämpferische Gemahlin wieder völlig erholt sein und mit mir in dem kleinen Gemach speisen. Hoffentlich wirft sie mir keine Suppenschüssel an den Kopf. Ich habe auch eine wunderschöne Überraschung für sie.« Lachend ging er hinaus.

Ich ließ mich in meine spitzenumsäumten Kissen fallen und schlief ein, und schlief gut, sehr gut. Ich hatte gelernt, mich zu wehren. Ich fürchtete mich nicht mehr vor der wilden Jagd. Ein Mächtigerer hatte mich geschützt.

Die Audienz

Am Abend dieses Tages saßen der König und ich miteinander in dem kleinen Gemach, das gut geheizt war und in dessen Kamin Buchenscheite loderten und knackten. Der König hatte mir sogleich, als ich mich gesetzt hatte, einen Pelzumhang über die Schultern gelegt und ein wundervolles weißes Eisbärfell über die Füße gebreitet. Ich errötete vor Freude und meinte, ich würde jetzt bestimmt nicht frieren, sondern es würde mir schließlich noch zu heiß werden.

»Ich dachte schon, Frau Rosenkranz müßte dir noch den Pelzmantel holen, den ich ihr für dich übergeben hatte«, sagte Christian.

»Oh, das sind zuviel der Geschenke!« rief ich. »Ich danke vielmals.«

»Ei, ich muß mich im Gegenteil entschuldigen, daß ich nicht eher daran dachte, meine liebe Gemahlin vor Kälte zu schützen«, erwiderte er, »und ich habe einen roten Südwein herbefohlen, von dem du ein Gläschen zu unserer Mahlzeit trinken sollst, damit dir erst recht warm wird.«

Ich lachte. Ich fühlte mich nach der Aufregung des Morgens sehr wohl und wie befreit.

»Ich brauche doch diesen schrecklichen Menschen nicht mehr zu empfangen«, wagte ich noch zaghaft zu bitten und beobachtete ängstlich, ob sein meist düsteres Gesicht sich nun wieder verdüsterte. Kaum waren mir diese Worte entfahren, so bereute ich sie schon.

Aber Christian behielt seine gute Laune.

»Dieser schreckliche Mensch«, erwiderte er, »ist wie mein vertrauter Walkendorf geistlichen Standes, zwar keiner in bischöflichen Würden wie Walkendorf, aber er ist doch Doktor des kanonischen Rechtes in Rom geworden. Einen so frommen Mann brauchst du nicht zu fürchten. Er ist übrigens ein sehr fähiger kluger Mann, der mir sehr dienlich sein kann. Doch genug davon! Du wirst nichts mehr mit ihm zu tun haben.«

»Waren diese Pelzherrlichkeiten die große Überraschung, von der du sprachst und die ich heute abend erfahren sollte?« fragte ich.

Ach, ich war so zufrieden und dachte an die Worte meiner Tante Margarethe, die mir gesagt hatte: »Es gibt wenig Liebesehen, wie die meine war, aber die Ehen, die auf gegenseitiger Freundschaft und Vertrauen aufgebaut sind, sind meist besser als diejenigen, die im Rausch der Leidenschaft geschlossen werden.« Vielleicht würde meine Ehe auch noch gut, oder wenigstens erträglich werden.

Ich blickte scheu zu meinem Gemahl hinüber: Dieses zerfurchte Gesicht, diese harten, kalten Augen. War er nicht zum Fürchten? Aber ich hatte vor Gott, dem Herrn, gelobt, ihn zu lieben. Ich wollte es versuchen, wollte mich dazu zwingen, diesem Gelübde treu zu bleiben, es immer mehr zu befolgen.

An jenem Abend machte er es mir leicht, ihn angenehm zu finden, ja sogar liebenswert. Er lachte schon wieder, hob seinen Pokal, in dem der Wein dunkelrot schimmerte. Oh, so rot wie Blut, dachte ich erschauernd.

Er trank mir zu. »Nun werde ich dir die große Überraschung mitteilen«, sagte er.

Ich schaute ihn gespannt an.

»Denk dir«, begann er, »ich habe erfahren, daß in das schöne und auch inwendig vortrefflich ausgestattete Haus, das der reiche Kjellgren vermietet hat, nachdem seine Frau gestorben und er zu seiner Tochter gezogen ist, zwei recht ehrenwerte, vermögende Frauen eingezogen sind, die ohne Aufsehen zurückgezogen darin leben. Und jetzt kommt die Überraschung. Es sind Landsleute von dir. Sie stammen aus Flandern. Hättest du nicht Lust, dich einmal mit ihnen zu unterhalten, deine geliebte flämische Sprache wieder zu hören?«

»Ach, und ob!« rief ich erregt. »Aber darf ich das? Es sind Bürgersleute. Du kennst ihre Herkunft nicht. Darf ich das als Königin . . .?«

Christian lehnte sich in seinem Sessel zurück, nahm genüßlich einen großen Schluck des purpurnen Weines und antwortete: »Wenn der König es der Königin erlaubt, sogar vorschlägt, so wird niemand etwas dagegen äußern können. So viel ich weiß, sollen es Mutter und Tochter sein. Vielleicht hättest du an der jüngeren eine angenehme Gesellschafterin. Lade die beiden zu einer Audienz ein und prüfe dann selber, ob sie dir zusagen und du die Tochter öfters um dich haben möchtest, um dir mit ihr die Zeit zu vertreiben, mit ihr in deinem brabantischen Dietsch zu plaudern.«

»Darf ich?« fragte ich noch einmal wie ein Kind, ein glückliches Kind.

»Nein«, erwiderte er so vergnügt, wie ich ihn bisher nie gekannt hatte, »du darfst nicht nur, ich befehle dir, daß du ihnen morgen ein Handschreiben sendest und sie zu einer Audienz zu dir herbefiehlst, du, die Königin von Dänemark. Ich, der König, brauche ja nichts damit zu tun haben. Gefallen dir die beiden nicht, so bittest du sie einfach nicht mehr her.«

Ich war so glücklich, so glücklich. Ich freute mich auf den kommenden Tag. Christian schien sehr befriedigt, daß ich seine »Überraschung« so begeistert aufgenommen hatte.

Wie lieb war das von ihm – dachte ich. Er selber, hatte er gesagt, habe ja gar nichts damit zu tun.

Ach, ich ahnte damals nicht, wieviel er damit zu tun hatte.

Ich bin selten so früh aufgestanden wie an dem folgenden Tag. Ich hatte noch nicht gefrühstückt, hatte mir nur den Morgenrock über mein Nachthemd geworfen und mich dann in dem kleinen Nebengemach, in dem schon wieder die Buchenscheite im Kamin flammten und eine angenehme Wärme verbreiteten, an den kleinen Schreibtisch gesetzt. Auf ein Blatt Papier schrieb ich eilig, daß ihre Majestät die Königin Elisabeth von Dänemark die beiden niederländischen Damen, die im Hause Kjellgren wohnten, zu einer Audienz an diesem Morgen um elf Uhr bäte. Ihren Namen hatte mir mein Gemahl ja gar nicht genannt. Ich nahm an, daß er ihn gar nicht wußte. So ahnungslos war ich damals noch. Heute, als ich nach etwa zwei Jahren wieder in dies Tagebuch schreibe, weiß ich mehr. Aber ich bin froh, daß ich damals noch ein so ganz und gar harmloses Kind war.

Ich schellte, als ich das kurze Schreiben beendet hatte. Als die gute Frau Rosenkranz überrascht über mein frühes Aufstehen erschien und allerlei besorgte Fragen stellte, erklärte ich ihr nur, daß sie mir sogleich einen der Edelknaben senden sollte, der ein Schreiben, das ich auf Wunsch des Königs abgefaßt hätte, besorgen müßte.

»Hier in der Stadt!« staunte sie ungläubig. »Majestät haben hier doch keine Bekanntschaften.«

»Ja, hier in der Stadt und möglichst rasch«, entgegnete ich nur und lächelte vor mich hin ob ihrer Verblüffung.

Nach dem Frühstück stand ich dann vollständig angezogen an dem Fenster, das mir den Blick auf den Hof gewährte, hatte wegen des kühleren Raumes den Pelzumhang um die Schultern gelegt und wartete auf meinen Besuch.

Es schienen wirklich begüterte Damen zu sein. Sie hatten den kurzen Weg vom Markt bis zum Schloß in einer Sänfte zurückgelegt, und wurden durch das Burgtor, den Zwinger und über die Brücke bis zur Eingangspforte getragen.

Um elf Uhr wurde von einem Diener die Tür meines kleinen gemütlichen und warmen Gemaches geöffnet und die beiden, auf die ich so gespannt war, traten mit tiefen Knicksen herein. Ich muß gestehen, daß ich zuerst sehr, sehr enttäuscht war.

Die Ältere, sehr Umfangreiche, die sich derart in ein Seidenkleid gezwängt hatte, daß man befürchten mußte, daß es in den Nähten platzen würde, kam sehr frei sogleich auf mich zu, lachte breit, funkelte mich mit ihren kleinen schlauen Augen an, die zwischen den Fettpolstern ihres runden Gesichts hervorlugten und rief: »Oh, welche Ehre, unserer geliebten Königin gegenüberstehen zu dürfen, die zugleich auch eine Niederländerin ist! Mein Herz bebt vor Freude, daß ich das erleben darf.«

Wenn ihr bei dem Herzbeben bloß nicht das Mieder platzt, dachte ich bei mir.

Doch eine Königin muß sich beherrschen, und so widerlich mir diese aufdringliche Frau auch war, reichte ich ihr doch freundlich die Hand, die sie mit ihren kurzen, dicken Fingern innig umfaßte.

Etwas versöhnte es mich mit ihrer Dreistigkeit, weil sie mein geliebtes Flämisch sprach.

Sie redete – redete – redete, von dem schönen Flandern, von Amsterdam, wo sie jedes Gäßchen, jeden Winkel kannte, aber auch das Schloß, den schönen Dom. Sie zeigte dabei wieder auf ihr Herz, worin sie diese Erinnerungen treu bewahrt hatte und schien mit ihrem Geschwätz so recht in ihrem Element.

Endlich konnte ich auch einen Satz einwerfen!

»Ihr seid also aus Amsterdam«, sagte ich. »Kommt Ihr von dorther?«

»O nein, Majestät«, erwiderte sie, »wir sind in der Welt herumgekommen, wohnten in Bergen, in Oslo, wie einen das Schicksal eben treibt, und nun sind wir hier gelandet, wo es uns ausgezeichnet gefällt, besonders da wir nun auch eine Niederländerin als unsere heißgeliebte Königin in Kopenhagen haben.« Sie wandte sich um. »Nun sprich doch auch mal ein Wort!« forderte sie das junge Mädchen, das hinter ihr stand, auf.

Ja, wann sollte dieses bildhübsche Geschöpf denn überhaupt zu Worte gekommen sein?

Ich wandte mich der Tochter zu, die mir sogleich so sympathisch war wie ihre Mutter widerlich. Wie kam dieses so gewöhnlich, ordinär wirkende Weib zu dieser Tochter, die so zart und zierlich war, deren golden schimmernde Haare in Zöpfen aufgesteckt wie eine Krone wirkten, deren Seidenkleid mit dem breiten Brabanter Spitzenkragen mich so an meine Heimat gemahnte.

Ich richtete nun meine Worte an sie. »Sie ist also die Tochter«, sagte ich. »Ja, das ist Düweke, mein Täubchen«, fiel die Alte schon wieder ein. »Düweke Willems heißt sie, und ich . . .« Sie wollte noch weiter schwätzen, aber ich wandte mich energisch von ihr ab, der Tochter zu. »Ich würde mich freuen, Sie öfters bei mir zu sehen, mit Ihnen die geliebte Sprache zu sprechen. Ich bin sicher, daß wir uns gut verstehen werden, wenn Sie auch etwas älter sind als ich.«

»Oh, das macht nichts«, fiel die widerliche Alte wieder ein, und deutete auf ihren vollen Busen, »wenn nur das Herz jung geblieben ist.«

Nun wurde es mir aber zu arg.

»Ich bin überzeugt, daß das Herz Eurer Tochter noch jung ist. Sie ist ja selber noch jung«, sagte ich ziemlich von oben herab. »Ich bin sicher, daß ich Freude an ihr haben werde, daß ich froh sein werde, wenn sie mir in meiner Einsamkeit Gesellschaft leistet.« Und zu ihrer Tochter gewandt: »Düweke heißt Sie? – Das ist ein reizender Name.«

»Majestät, ich fürchte, ich kann diese Erwartungen nicht erfüllen. Ich bin ein ganz einfaches Mädchen.« Das waren die ersten Worte, die Düweke stammelte.

»Larifari!« rief die Mutter dazwischen. Aber ich beachtete diesen Einwand nicht.

»Ich bin anderer Ansicht, Düweke, und erwarte Sie schon morgen wieder um die gleiche Zeit. Es soll dann aber keine feierliche Audienz sein. Wir beide wollen uns hier am Kamin gemütlich hinsetzen und plaudern, und vielleicht nehme ich auch meine Harfe und wir singen dazu unsere Heimatlieder.«

»Wie rührend!« seufzte die Mutter und tupfte mit einem Spitzentaschentuch die flinken, schlauen Augen.

»Also bis morgen, Düweke!« sagte ich, damit hatte ich wohl deutlich genug ausgedrückt, daß ich nur die Tochter und nicht die Mutter zu sehen wünschte; und das war zugleich das Zeichen, daß diese Audienz beendet war.

Mit tiefen Verbeugungen und Knicksen zogen sich die beiden zurück. Warum hat dieses bezaubernde Mädchen so traurige Augen, sann ich ihnen hinterdrein.

Eine Freundin und ein Sohn

Ich war sehr glücklich. Ich hatte eine Freundin, eine richtige junge Freundin, nicht so wie meine gutherzigen, aber alten Hofdamen, die ein junges Herz gar nicht mehr verstehen konnten. Ich hatte einen Menschen, den ich liebte und dem ich vertrauen konnte, der aufrichtige blaue Augen wie Frühlingsblumen hatte und nicht solch kalte wie mein Gemahl, vor denen ich mich oft fürchtete. Und ich konnte mit dieser Freundin in meiner geliebten flämischen Sprache sprechen und – ich lachte bei diesem Gedanken hell auf – die anderen im Schloß konnten noch so neugierig lauschen, sie verstanden unsere Gespräche nicht. Dabei war eigentlich nie ein Geheimnis zu erörtern. Wir plauderten eben miteinander, wie es junge Mädchen tun, über dies und das. Wir sangen unsere heimatlichen Lieder, die ich auf der Harfe begleitete und wir entschlossen uns, echt flämische Handarbeiten zu machen. Mein Herr Gemahl war überraschend entgegenkommend. Ein Brief, den ich an meine liebe Tante schrieb, wurde eiligst befördert. Bald trafen die beiden gewünschten Klöppelkissen mit dem feinen und doch festen Klöppelgarn für die Brabanter Spitzen, sowie das feine Leinen, aus dem wir eine Altardecke für die etwas vernachlässigte Schloßkapelle anfertigen wollten, ein. Dazu noch goldene Fäden und buntes Seidenstickgarn. Die Regentin schrieb mir sehr freundlich dazu, daß sie sich sehr freue, daß ich die trüben Wintertage auf diese Gott wohlgefällige Weise ausfüllen wollte, und fragte scherzhaft an, ob ich nicht bald Kinderwäsche nähen wollte. Aber die würde wohl zum rechten Zeitpunkt im überreichen Maße von meinen Untertanen gestiftet werden.

Seit der ersten Audienz, die ich Sigbritt Willems und ihrer Tochter gegeben hatte, war Düweke auf meinen Wunsch jeden Tag bei mir. Wir lachten gerne zusammen, aber zu meiner leichten Betrübnis war es bei Düweke oft ein gezwungenes und sehr trauriges Lächeln.

Ich fragte sie einmal, ob sie etwa Liebeskummer habe. Es wäre kaum zu verstehen, daß ein so schönes Mädchen noch nicht unter der Haube wäre, zudem sie doch nach dem Herzen wählen könnte und nicht wie ich und andere Fürstenkinder verheiratet würde, ohne den Gemahl vorher zu kennen und ohne gefragt zu werden.

Da errötete Düweke heiß, und Tränen rollten wie Perlen ihre Wangen hinab. Ich wollte mich entschuldigen, weil ich anscheinend taktlos an ein geheimes Leid gerührt hatte. Da trat mein Gemahl ein, und als Düweke aufblickte und seiner gewahr wurde, erbebte sie.

»Was hat Düweke denn?« fragte er besorgt. »Sie weint ja. Hast du sie gekränkt?«

Düweke hatte sich schon wieder gefaßt, aber sie schaute ihn geradezu jammervoll, wie hilfeflehend an.

»O nein«, widersprach sie, »wie sollte mich Ihre Majestät kränken! Ich fühle mich heute nicht so gut, ich bin nicht krank, sondern nur etwas schwermütig.«

Der König, der schon mehrmals bei uns beiden kurz hereingeschaut hatte, lachte wohlwollend.

»Da komme ich mit meinem Plan gerade zur rechten Zeit«, erklärte er. »Haben die Damen vor lauter Handarbeiten noch nicht hinausgeschaut? Was bei uns in Dänemark wenig vorkommt, heute können wir uns daran erfreuen. Wunderschöner weißer Schnee liegt auf Häusern und Straßen. Ich habe den Befehl gegeben, daß ein zierlicher Damenschlitten herausgeholt und zwei Shetlandponys davor gespannt werden. Ich denke, du als forsche Reiterin, wie du dich rühmst, doch hier noch nie bewiesen hast, wirst die braven Tiere lenken. Zur Vorsicht steht ein Reitknecht hinten auf dem Gefährt, und dann geht es wohlverpackt in Pelze hinaus in die schöne Winterlandschaft. Gut, daß diesmal Düwekes Mutter nicht auch wieder hier ist, die könnten wir nicht gut mit hineinquetschen.«

»Nein«, meinte ich, »und mit ihr möchte ich auch nicht durch die Stadt fahren.«

»Ist sie dir so unangenehm wie ihr Vetter Slagheck?« fragte der König.

»Ist dieser Spinnenmann der Vetter der wohlbeleibten Frau Willems?« staunte ich.

»Ja«, stimmte der König zu. »Aber eines haben sie gemeinsam: sie sind beide sehr klug.«

»Klug?« wiederholte ich überlegend. »Ich würde eher schlau, gerissen sagen. Ich glaube, daß Frau Sigbritt sogar ein Land regieren könnte, aber anders als mit der Klugheit und Weisheit meiner Tante, der Regentin.«

»Das kannst du auch nicht von Frau Sigbritt verlangen«, meinte der König belustigt. »Ich kann es ja ruhig aussprechen, weil es die Spatzen schon von den Dächern pfeifen, was ihr selber wie mir wenig ausmacht an unserer Freundschaft. Frau Sigbritt hat einst frisch und forsch auf dem Amsterdamer Markt Äpfel verkauft und in Bergen in ihrer Schenke mancherlei vom schlichtesten oder schlechtesten bis zum vornehmsten Alkohol ausgeschüttet. So eine Frau kennt das Leben, so eine Frau sieht alles von einer anderen Warte als eine Kaiserstochter, und sie kann urteilen, planen. Sie ist ein wahres Rechengenie in jeder Hinsicht und hat mir schon manchen Rat erteilt, den ich befolgen werde. Da mögen sich die Adligen, die hohe Geistlichkeit und die reichen Kaufleute noch so sträuben und Mordio schreien, jeder muß beisteuern, daß sich meine Kassen füllen und ich dadurch genug Mittel habe, endgültig in Schweden Ordnung zu schaffen.«

Er hielt ein und schien fast zu fürchten, er hätte in meiner Gegenwart zu viel gesagt. Aber er wußte ja, daß ich mich kaum um Politik kümmerte und hier in Kopenhagen außer Düweke keine Freundschaft geschlossen hatte und daher niemand etwas anvertrauen könnte, was noch nicht allen bekannt war.

Er wandte sich zur Tür und rief noch zurück: »Auf, auf, meine Damen, nicht lange zögern. Im Winter scheint die Sonne nicht lange. Da heißt es die frische Luft genießen.«

Und bald ging es mit fröhlichem Schellengeklingel die Straße hinab, dem Walde zu. Weit konnten wir uns ja nicht mehr wagen, aber wir nahmen uns vor, diese kleinen Ausflüge zu wiederholen, so lange es das Wetter erlaubte. Wieder genossen wir schöne Tage.

Weihnachten wurde wie in allen nordischen Ländern mit unendlich viel auf langen Tischen aufgehäuften Speisen wie Gesottenem, Gebratenem, Gekochtem, Geräuchertem, mit Fisch, Fleisch, Backwerk, mit Herzhaftem und Süßem gefeiert.

Ich vertrug nicht so viel von diesen Genüssen, und auch Düweke gab zu, daß sie sich daraus wenig mache.

Ich hatte ihr zu Weihnachten eine goldene Kette mit einem Medaillon geschenkt, das mein Bildnis enthielt.

»Damit du mich nie vergißt«, hatte ich erklärt. »Aber noch wichtiger ist, daß du mich immer in deinem Herzen trägst.«

Ich war sehr erstaunt, daß sie darüber wieder in Tränen ausbrach.

Als der Frühling eingezogen war, wollte ich beweisen, daß ich wirklich eine gute Reiterin war, wenn mir hier auch kein kleiner, aber temperamentvoller Araberhengst wie in Mechelen zur Verfügung stand. Immerhin verfügte der königliche Stall über gute Pferde. Christian selber wählte mir eines aus, für Düweke wurde eine sanfte, aber auch recht schöne Stute gesattelt. So trabten wir denn munter zum Staunen aller daher, denen wir in der Stadt begegneten.

Ich schlug, ohne zu fragen, den Weg zu dem wunderschönen Buchenwald ein, wo jetzt unter den hohen Stämmen unzählige Buschwindröschen einen entzückenden Teppich bildeten. Ich bog in den mir schon bekannten Nebenweg ein. Da hörte ich einen leisen Ausruf hinter mir, der wie ein Wehlaut klang. Doch als ich mich umwandte, erblickte ich nur Düweke und den Pferdeburschen, der in einiger Entfernung folgte.

Mit meiner Gerte wies ich zur Rechten: »Dort das Schlößchen wollte ich dir zeigen«, rief ich. »Oder kennst du es schon?«

»Es heißt Schloß Hvidör«, kam es leise wie ein Hauch von ihren Lippen.

»Woher kennst du es?« forschte ich.

»Ehe wir nach Kopenhagen in das Haus Kjellgren zogen, wohnten wir hier«, berichtete sie mit gesenktem Kopf. »Später war es hier in der Winterzeit zu einsam. Es ist auch sehr klein darin.« Sie schaute hinüber. Blickten ihre Augen nicht sehnsüchtig auf den kleinen Bau mit seinem Türmchen, dem Erker, dem Altan und dem verwilderten parkartigen Garten mit dem kleinen See?

»Es war sehr schön hier«, sagte sie leise.

»Hier möchte ich auch einmal wohnen«, meinte ich. »Wie wäre es, wenn wir beide ein paar Tage hier verbrächten? Ist es drinnen nicht gut ausgestattet?

»Oh doch«, antwortete Düweke und sah mich dabei wieder, wie so oft, traurig an. »Es ginge aber nicht«, fuhr sie dann fort, und es lief wie ein Schauder über sie hin.

»Warum nicht?« wollte ich wissen.

»Die Königin müßte doch ihren Hofstaat mitnehmen, und dazu ist es hier zu eng«, erklärte sie.

Düweke und ich wurden immer vertrauter miteinander. Wir ritten noch öfters aus, spielten hinter dem Schloß auf dem Hof Reifenwerfen miteinander, liefen hinter bunten Bällen drein, die wir mit einem Stock vorwärtstrieben, und wenn wieder Regen- oder Sturmtage kamen, arbeiteten wir weiter an unserer Altardecke.

Was mir durchaus nicht gefiel, das war, daß Düwekes Mutter, die Frau Sigbritt, sich immer häufiger ungeladen bei mir einstellte und auch so tat, als wenn sie im Schloß zu Hause wäre. Meist kam dann auch der König in mein Gemach, und bald waren die beiden in eine eifrige Unterhaltung verwickelt, in der sie natürlich das Wort führte und immer neue Pläne entwarf, wie er als Landesherr aus seinem Lande, das heißt vielmehr aus seinen Untertanen, mehr Geld herauspressen könnte, um damit neue Flotten, neue Waffen zu beschaffen, neue Söldner zu bezahlen und dadurch das reiche, stolze Schweden endlich zu bezwingen und dann erst recht reich zu werden, so reich wie die Niederlande, wie Spanien.

Ich hörte diese Gespräche nicht gerne mit an. Der König schien aber immer mehr davon angetan. Mir war schon lange klar, daß dieses dicke Weib nicht nur dummes Zeug redete, sondern eine wirklich dämonische Frau war. Sie kam mir vor wie eine Riesenkrake. Davon hatte mir einst mein Bruder Carlos in einem Buch ein Bild gezeigt. Das ist ein scheußliches Meerestier, das langsam seine Fangarme wie eine Schlange windend ausstreckt, um seine Opfer zu ergreifen und festzuhalten. War diese Sigbritt nicht auch dabei, den König samt mir enger und enger zu umfassen und in ihre Gewalt zu bringen?

Doch ich wollte nicht darüber nachdenken.

Düweke hatte nichts, gar nichts mit den Machenschaften dieses teuflischen Weibes zu tun, das unmöglich die Mutter dieses zarten Geschöpfes sein konnte.

Ich wollte mir dieses Marktweib schon vom Leibe halten, vor dessen Schlauheit ich durchaus keine Achtung hatte, ich befürchtete sogar, daß, wenn der König ihren Plänen Gehör schenken sollte, sie ihm und dem ganzen Land zuletzt zum Unheil gereichen würden.

Blickte man Düweke und mich nicht immer mißbilligender an, wenn wir durch die Stadt fuhren? Das Reiten hatte ich – auch bei gutem Wetter – aufgeben müssen, weil sich in mir neues Leben – mein Kind – regte. Ich hatte schon Düweke freudig erregt davon erzählt, sah jedoch, daß sie dabei jäh erblaßte. Ging es ihr so nahe, daß sie selbst noch keine Mutter, noch nicht Ehefrau war?

In diesem zweiten gemeinsamen Frühling war alles für mich so harmonisch, da auch der König in Anbetracht meines Zustandes sehr rücksichtsvoll war.

Wie erschrak ich, als ich eines Mittags die laute und wütende Stimme meines Gemahls hörte. Eben hatte ein Kurier einen Brief gebracht und ich hatte schon auf einen Gruß aus den Niederlanden oder aus Spanien gehofft. Dann vernahm ich Walkendorfs Stimme, die auch erregt, aber gemäßigter antwortete. Kurz darauf wurde meine Hofmeisterin zum König gerufen und kam nicht zurück. Daß Frau Rosenkranz sich wenig bei mir sehen ließ, war ich langsam gewöhnt. Kam Frau Sigbritt zu mir, verließen Frau Rosenkranz und auch meine anderen Hofdamen sofort das Gemach. Als ich sie einmal nach dem Grund fragte, antwortete Frau Rosenkranz nur knapp, daß ihnen die beiden nicht sympathisch wären.

Sehr früh am nächsten Tag hörte ich im Hof Wagengerassel, schlief aber wieder ein. Als ich dann erwachte, erfuhr ich schon beim Frühstück, daß Walkendorf und meine Hofmeisterin des Landes verwiesen worden wären. Rasch ließ ich mich ankleiden, eilte zum König und verlangte erregt eine Erklärung. Er sagte mir, daß Walkendorf und Frau Rosenkranz in der vergangenen Nacht aus verletzter Eitelkeit Sigbritt und Düweke hätten ermorden wollen. Daher habe er schnell eingreifen und sie fortschaffen lassen müssen.

Ich konnte es weder von Walkendorf noch von Frau Rosenkranz glauben, daß sie derartige Pläne gehabt hätten. Völlig fassungslos erfuhr ich als letztes vom König, daß nun Frau Sigbritt meine Hofmeisterin würde. Ich fand keine Worte. Es war wohl auch angebrachter, bei dem Manne, der so wütend toben konnte, nichts mehr zu sagen.

Ein Marktweib, eine Schankwirtin, meine Hofmeisterin! Ich bin nicht hochmütig, will es nicht sein. Wäre ich auf meinen hohen Rang eingebildet, hätte ich mir nicht Düweke zur liebsten Freundin erkoren.

Aber dieses gewöhnliche Weib, das nur immer neue schändliche Pläne, die Adel wie Volk auspressen sollten, ersann! Mußte ich da nicht den Vater im Himmel um seine gnädige Bewahrung vor teuflischen Einflüssen anflehen? Ich wandte mich stumm um und verließ meinen Gemahl. Ich wollte hinüber zur Schloßkapelle, um dort ungestört und ungesehen zu weinen und zu beten.

Doch als ich aus der Tür trat, kamen Sigbritt und Düweke mir entgegen. Der König hatte sie schon in dieser frühen Morgenstunde zur Audienz befohlen. Heftig atmend keuchte Sigbritt auf mich zu, streckte mir die Hand entgegen und schien gar nicht beleidigt, als ich sie übersah.

»Komm herein, Elisabeth!« rief mir mein Gemahl zu.

Ich gehorchte.

»Hier stelle ich dir deine neue Oberhofmeisterin vor«, sagte er und wies auf Sigbritt, deren breites Gesicht strahlte wie der Vollmond. Ihre kleinen flinken Augen huschten hin und her, vom König zu mir und wieder von mir zu ihm.

Was sollte ich tun? Durfte ich ihn zu einem neuen Wutanfall reizen, dadurch vielleicht mein werdendes Kind schädigen?

Sigbritt öffnete jetzt wahrhaftig die Arme, und ich mußte an die widerliche Krake denken, die so ihre Opfer einfängt.

Ich reichte ihr die Hand.

»Es ist selbstverständlich meine Pflicht, dieses schwierige Amt zu übernehmen. Ich werde der Königin eine ergebene, aufopfernde Dienerin sein«, versicherte Sigbritt, und man sah, daß sie ganz außer sich vor Freude war. Nun würde sie sich nicht nur zweimal in der Woche bei mir breitmachen, sondern immer – immer!

Ich schaute Düweke an. Sie erwiderte meinen Blick zaghaft und traurig.

Ach, ich hatte ja Düweke noch! Und ich erwartete mein Kind!

Das ganz große Glück erlebte ich trotz allem: mein Sohn wurde geboren, und es war mir in jenem Augenblick gleichgültig, daß Sigbritts dicke Wurstfinger ihn als erste empfingen. Ein Sohn, ein prächtiges blondes Kind, lag in der überreich vergoldeten Wiege der dänischen Könige. Mein Gemahl war so glücklich wie ich. Einhundertein Kanonenschuß verkündeten, daß der Thronfolger geboren war. Das Volk jubelte und alle Glocken läuteten.

Arme Düweke

Ich lag von der Geburt ermattet, aber in der Glückseligkeit des ersten Mutterseins in meinem Bett. Neben mir schlief mein Sohn, der Thronfolger von Dänemark in der vergoldeten Wiege. Die

Glocken der Stadt läuteten mir ein Schlummerlied. Sie würden weit über das Land schallen, andere Glocken würden ihren Klang weitertragen. Das Volk würde bei den Freudenfesten einige Tage den Verdruß vergessen, den ihnen die neuen Anordnungen des Königs gemacht hatten, die er auf den schlechten Rat der bösen Sigbritt hin getroffen hatte.

Ich war so müde, daß ich nur so vor mich hindämmerte. So vernahm ich wie im Traum ganz benommen unbeherrschte wilde Schreie, so konnte nur die gewöhnliche Sigbritt zetern. Auch das Hin- und Herrennen draußen störte mich nicht. Ich machte mir keine Gedanken darüber, daß diese unausstehliche Hofmeisterin, die sich sonst immer unterwürfig um mich zu schaffen machte, nicht bei mir war und auch, daß sich der König nur ein einziges Mal über die Wiege seines Sohnes gebeugt hatte. Ich nahm nicht an, daß ihm so wenig an dem Kinde gelegen war, auf das er sich so gefreut hatte. Doch vielleicht war er so rücksichtsvoll und wollte mich nicht stören. Ich war zu erschöpft, um darüber nachzudenken.

Kling-klang, bing-bong, tönte es über mich hin.

»Das sind Freudenglocken«, flüsterte ich lächelnd.

»Das sind Totenglocken«, sagte eine Stimme neben mir.

Ich öffnete meine Augen weit und angstvoll. War meinem Sohne etwas zugestoßen. Nein, das Kind schlummerte friedlich neben mir.

An meinem Bett stand eine der alten Hofdamen, die, um des Königs oft grausam strafenden Unwillen nicht zu erregen, bei mir ausgeharrt hatten, obwohl Frau Sigbritt die wohlerzogenen Töchter alten dänischen Adels wie Stallmägde herumkommandierte.

»Scht!« warnte die andere Dame von der Tür her, »sagen Sie kein Wort! Es könnte der hohen Wöchnerin schaden.«

Wovon war eigentlich die Rede? Ich wollte fragen, wollte mich aufrichten, aber ich war zu matt, mein Kopf sank in die Kissen. Die Glocken läuteten immer noch und ich schlief wieder ein. In der Schwäche, die mich nach der Geburt meines Kindes übermannt hatte, war mir gar nicht zu Bewußtsein gekommen, daß auch am folgenden Tag weder Sigbritt noch der König mich aufsuchten. In einem wohligen Traumzustand fühlte ich nur, wie mir eine der weißbeschürzten Ajas (Pflegerinnen) meinen Sohn dann und wann frisch gewaschen und gebündelt an die Brust legte und später wieder in die Wiege zurücktrug.

Erst am dritten Tage tauchte Frau Sigbritt wieder in meinem Schlafgemach auf. Ihr volles Gesicht erschien mir noch gedunsener, noch roter als gewöhnlich. Ihre kleinen Augen waren wie in Tränen verschwommen, funkelten aber doch wieder wie die eines bösartigen gefangenen Raubtieres.

»Oh«, schrie sie mich an, »Ihr wart es nicht, wenn ich es auch im ersten Augenblick annehmen mußte, da der Edelknabe, der das Körbchen überreichte, angab, es wäre ein Geschenk der Königin. Ich meinte allerdings, für eine Königin wäre es eine allzu bescheidene Gabe, Ihr hättet bisher Wertvolleres gesandt. Aber Düweke meinte, es wäre besonders lieblich, dieses zarte Grün rings um den Griff und die verlockend leuchtend roten Kirschen. Und darüber habe ich sie verlassen, um hierhin zu eilen, da Ihr in den Wehen der Geburt lagt. Oh, ich werde ihn schon finden, den, der dieses Geschenk gesandt hat, der König und mein Vetter Slagheck werden ihn ergreifen lassen. Oh, und wenn der Adel, die Reichsstände dazu aufgestachelt haben, wenn sie meinen, dadurch mich vom Hofe zu beseitigen, dann irren sich die Herren, ha! Jetzt erst recht, jetzt erst recht! Jetzt sollen sie meine Macht, meine Vergeltung erst recht verspüren. Sogleich eile ich zu dem König. Er muß mich anhören, wenn er auch völlig gebrochen ist. Er muß sich aufraffen, denn es gilt Rache zu nehmen, blutige Rache! Sie alle sollen etwas davon verspüren, wenn nicht an ihrem Blut, an ihrem Leib, dann an ihrem Hab und Gut!«

Sie raste dabei auf und ab. Ich verstand kein Wort von dem, was sie da wie eine Furie herausschrie.

»Und wo ist Düweke?« fragte ich endlich. Mich quälte ein Sehnen nach ihrer lieblichen, stillen Art bei dem Wüten ihrer Mutter.

»Düweke! Düweke!« schrie Sigbritt und starrte mich wie wahnsinnig an, »Düweke ist tot, tot! Vergiftet durch Tollkirschen, die unter die anderen Kirschen gemischt waren.« Sie fiel hart über mein Bett, und ich sank zurück in eine tiefe Bewußtlosigkeit.

Als ich daraus erwachte, war es still um mich her. Ich spürte, wie eine ruhige, warme Hand meinen Puls umfaßte. Ich schaute auf und sah in das gütige Greisengesicht des Hofmedicus Glipping.

»Düweke ist tot?« erinnerte ich mich.

Er nickte.

Dann schob er mir ein zerknittertes Zettelchen hin. »Diesen

letzten Gruß an Euch, Majestät, fand ich in ihren zerkrampften Händen. Ich lieferte ihn der Mutter nicht aus. Ich selber las nur auf Dänisch »An die Königin!« Das andere ist wohl flämisch gekritzelt mit letzter Kraft.

Ich richtete mich mühsam auf. Er stützte mich. Ich entzifferte langsam und las es laut: »Vergebung. Ich schämte mich immer der Verstellung und Heuchelei. Aber man zwang mich. Gott sei meiner armen Seele ...« Damit brach die Schrift ab.

»Ich versteh das gar nicht, was soll ich vergeben?« fragte ich.

Der Hofarzt antwortete gedämpft und sah mich dabei ernst und besorgt an: »Wußtet Ihr das denn nicht? Düweke war schon Jahre, bevor Ihr hierher kamt, des Königs Geliebte und blieb es auch.«

Ich starrte vor mich hin, mußte das Ungeheuerliche erst fassen. Ehebruch? Doch war sie nicht vor mir die Seine gewesen? Wäre sie ein Königskind wie ich gewesen oder hätte er gewagt, sie als Bürgermädchen auf den Thron zu erheben, so wäre es eine glückliche Ehe geworden. Aber es war ja unmöglich. Hatte nicht Jesus zu denen, die die Ehebrecherin verklagten, gesagt: »Welcher unter euch ohne Sünde ist, der werfe den ersten Stein auf sie!« Hatte mir weil er Bescheid wußte, mein Beichtvater diese Geschichte einmal, aus dem Lateinischen übertragen, vorgelesen? Doch hatte Jesus dann nicht gesagt: »So verurteile ich dich auch nicht.« Doch er hatte hinzugefügt: »Gehe hin und sündige hinfort nicht mehr!«

Ich wollte nicht über Düweke urteilen. Ich wollte sie nicht verurteilen. Ich schwieg eine Weile.

Dann fragte ich wieder leise: »Kennt man den Mörder?«

Der Arzt antwortete: »Es soll Torben Oxe, der Schloßhauptmann, gewesen sein, der die Kirschen auf dem Markt gekauft und dem Edelknaben zur Besorgung gegeben hat. Doch das Reichsgericht hat ihn freigesprochen, weil ja nicht bewiesen wäre, daß er die giftigen Tollkirschen hinzugetan hatte. Das Bauerngericht, das der König anschließend einberufen hat, obgleich es über einen Edlen nicht zu richten hat, urteilte ebenso. Selbst Sigbritt meinte, er wäre ihr als Schwiegersohn willkommen gewesen. Bei diesem Weib wäre sogar doppelter Ehebruch erlaubt gewesen, wenn Düweke auch als Oxes Gattin des Königs Geliebte geblieben wäre. Sigbritt fürchtete etwas, seit König Karl von Spanien dem König den Ehebruch vorgeworfen hatte. Sowohl Walkendorf wie Frau Rosenkranz hat er damals beschuldigt, dem König von Spanien darüber geschrieben zu haben, weil ihn beide mehrmals aufgefordert hatten, Düweke fort, am besten in ein Kloster, zu schicken. Doch beide haben bestritten, und er wagte nur, sie auszuweisen.«

»So war das also«, flüsterte ich. »Mir schien es auch unglaublich, daß die beiden nach Düwekes und Sigbritts Leben getrachtet haben sollten, wie es mir berichtet wurde.«

Der Medicus nickte gewichtig. Dann sagte er: »Ich fürchte, ich habe Majestät zu sehr aufgeregt, aber einmal mußtet Ihr es doch erfahren, und den Abschiedsgruß solltet Ihr auch haben, damit Ihr Düweke nicht in solch schlechtem Gedächtnis bewahrt.«

»Das werde ich auch nicht«, versicherte ich. »Nun weiß ich, warum sie mich oft so traurig ansah. Ich will nicht über sie richten, sondern sie der Barmherzigkeit Gottes empfehlen. Arme Düweke!«

Und: »Arme Düweke!« wiederhole ich auch jetzt noch.

Die dunklen Wolken

Seit Düwekes Tod lag es wie eine dunkle, atembeklemmende Wolke nicht allein über dem Schloß, sondern über der ganzen Stadt, dem ganzen Land. Ich sah nur mürrische, verdrossene Gesichter, wenn ich mit meinem Kind, das dabei von einer der Ajas betreut wurde, in den Wald oder zum Strand ausgefahren wurde. Mir war, als wäre um mich nur dumpfe Luft. In jenen Tagen war sehr viel Betrieb im Schloßhof. Viele Wagen kamen dort an, und die Edlen, die ausstiegen, machten einen düsteren Eindruck. Einer nach dem anderen trug seine Beschwerde darüber vor, daß der König sich über den Freispruch Torben Oxes durch den Reichsrat hinweggesetzt hätte. Auch die hohe Geistlichkeit, die zu einem Teil dem Reichsrat angehörte, erhob Einspruch. Allen voran der erst vor kurzem in Kopenhagen eingetroffene päpstliche Kardinal-Legat Arcembold. Der Papst hatte ihn beauftragt, in Dänemark den Ablaßhandel zu betreiben, das heißt Ablaßzettel für viel Geld anzubieten, auf denen dann die päpstliche Vergebung der Sünden allen, den Lebenden und den Verstorbenen erteilt war. Er machte dem König die schwersten Vorwürfe, daß er sich über die Beschlüsse des Reichsrates selbstherrlich hinweggesetzt habe. Alle aber verlangten, daß Sigbritt, unter deren unheilvollem Einfluß der König anscheinend stände, entfernt würde.

Doch nicht der Reichsrat, nicht die Kirche siegte, sondern – wie mir Sigbritt selbst triumphierend verkündete – sie selber und ihr Vetter Slagheck wurden erhoben, hoch oben über allen. Zugleich entschuldigte sie sich mit ihrem widerlichen Lächeln bei mir, daß sie mir zu ihrem großen Bedauern nicht mehr dienen könne, daß sie mich um ihre Entlassung als Hofmeisterin bitten müsse. Es ginge über ihre Kräfte, mir eine Hilfe zu sein und zugleich nach des Königs Befehl die Finanzen des Reiches zu verwalten und zu beaufsichtigen. Auf dem großen Marktplatz wurde ein Steinpalast errichtet, worin Sigbritt ihres hohen Amtes walten und entsprechend fürstlich wohnen sollte, was zu allem anderen großen Unmut im Volke hervorrief.

Natürlich bedeutete dies den Bruch Christians mit den Reichsständen, doch Sigbritt ermunterte ihn hämisch, darauf nichts zu geben. Sie redete ihm auch zu, selber gegen Schweden zu kämpfen, die mit dem blutjungen Gustav Wasa an der Spitze ein dänisches Heer, das dem Christian ergebenen Bischof Trolle zu Hilfe geeilt war, zurückgeschlagen hatte.

Nun verstand ich erst, wofür Sigbritt solche Geldmengen ansammelte. Ich hatte oft darüber nachgedacht, wozu die Anhäufung von Goldstücken dienen sollte, denn im Schloß wurden keine Feste mehr gefeiert, ich hatte noch nie etwas an Kleidung oder Schmuck beansprucht, an keiner Burg, auch nicht an unserem Schloß war gebaut worden.

Allein Krieg, Kampf und Blutvergießen konnten Christian noch befriedigen. Seit Düwekes Tod war er ein ganz anderer Mensch geworden oder vielleicht der Mensch, der er in seiner Jugend gewesen war, ehe sie in sein Leben getreten war. Jetzt war er hart und eisig in seinem Wesen. Für mich hatte er kein freundliches Wort, keine, auch nicht die geringste Zärtlichkeit mehr. Als ich ihm bei einer gemeinsamen Mahlzeit einmal vorschlug, sich doch gütlich mit Schweden zu einigen, bemerkte er nur höhnisch, daß ich von all dem keine Ahnung hätte. Sigbritt, die jetzt zumeist mit uns an der Tafel saß, stimmte ihm hohnlachend bei.

Im nächsten Sommer war es dann soweit. Christian hatte mit dem erschacherten Geld eine starke Flotte aufgestellt und mit einem großen Heer bemannt. Er wollte als Sieger aus Schweden zurückkehren und wurde doch wieder besiegt. Doch eine Kriegslist war ihm geglückt. Von seinem Schiff aus, worauf er hatte fliehen müssen, hatte er mit den Schweden einen Waffenstillstand geschlossen und dabei versprochen, mit großem Gefolge zu landen, um über einen Friedensvertrag zu verhandeln. Zu seiner Sicherheit verlangte er aber fünf Geiseln, die er schriftlich namhaft machte. Darunter befand sich auch der junge Gustav Wasa, der wiederum die Fahne voraus getragen hatte. Dies wurde ihm zugestanden, aber statt zu landen, segelte er mit den Geiseln stracks nach Kopenhagen. Er stand jetzt nicht mehr als Besiegter da, sondern hatte ein Faustpfand gegen Schweden. »So«, rief er triumphierend bei der Abendtafel, »und morgen werden diese fünf enthauptet.«

Frau Sigbritt aber blickte ihn listig an: »Wären lebende Geiseln nicht wertvoller als tote?« meinte sie. »Wenn die Häupter dieser fünf fallen, gibt es höchstens einen neuen Aufstand in Schweden. Bleiben die fünf aber in Haft, so könnt ihr sie immer gegen die Schweden ausspielen.«

»Bravo!« rief ihr Christian zu und hob sein Glas, um ihr zuzutrinken. Ich aber atmete auf, denn obwohl ich Gustav Wasa nie gesehen hatte, tat mir das junge Blut leid.

Da machte es mir gar keinen Kummer, daß der König wie ein Wilder im Schloß herumtobte, als nach einer Weile die Nachricht kam, daß Gustav die Flucht aus dem Kerker geglückt war. Zu Chritians noch größerer Wut kam bald danach die Kunde, daß der junge Schwede in Lübeck mit großen Ehren empfangen worden war. Die Forderung des Königs nach Auslieferung wurde von Lübeck verweigert, da er sich Gustav Wasas widerrechtlich bemächtigt habe. Noch mehr freute mich, mich, die dänische Königin, als ich erfuhr, daß der junge Schwede wieder glücklich in seiner Heimat angelangt wäre. Nun mochte Slagheck mit all seinen Spürhunden dort nach ihm suchen! Nun mochte Sigbritt wieder neue Abgaben und Zölle erfinden, um die Kriegskasse für einen neuen Kampf mit Schweden aufzufüllen. Niemand ahnte, wie froh ich darüber war, daß Gustav Wasa entkommen war. Ach, wer achtete denn überhaupt noch auf mich und meine Gefühle. Mein einziges Glück war mein herziges Söhnchen. Wie freute ich mich über sein prächtiges Gedeihen und betete zu Gott, daß die düsterte Wolke, die alles überschattete, dies Kind unverletzt ließe und daß mein Sohn nicht seinem Vater ähnlich würde. Dieser kleine Johann oder Hans, wie ich ihn nannte, war das einzige, was mir Liebenswertes geblieben war. Und wie bangte ich vor der dunklen Wolke, vor Sigbritts teuflischen Plänen. Der König selber saß stundenlang drohend wie ein Gewitter an einem Tisch hinter einem Krug Wein und von Zeit zu Zeit fuhren, wie Donner und Blitz Verwünschungen, Flüche und neue Verurteilungen aus ihm heraus.

Sigbritt saß auch mit verkniffenem Gesicht an der Tafel und schien mit gerunzelter Stirn auf neues Unheil zu sinnen.

Ich hatte erfahren, daß sie sogar die Truhe mit den Ablaßgeldern des päpstlichen Legaten hatte stehlen lassen, um den reichen Inhalt der Staatskasse einzuverleiben.

Ein Faß ohne Boden war diese Staatskasse, da immer neue Kriegsfahrten gegen Schweden unternommen wurden. Dafür wurden Horden fremder Söldner in das einst so friedliche Dänemark geholt, die darin randalierten, bis sie gen Schweden auszogen oder gar – nachdem sie ihren Sold empfangen hatten – wieder heimlich, ohne für Christian gekämpft zu haben, entschwanden, und dazu in seinem eigenen Lande geplündert hatten. Ich wunderte mich, daß die Bevölkerung das so lange mittat, daß die Reichsräte noch nichts unternahmen. Lange konnte das nicht mehr gutgehen.

Ein einziges Mal hatte ich noch gewagt, Christian anzuflehen, sich mit den Schweden ins Einvernehmen zu setzen und Frieden zu schließen. Daß er mich nicht wütend ins Gesicht schlug, war alles.

Doch eines Tages lebten Sigbritt und Christian wieder auf. Im Januar 1519 starb – erst 65 Jahre alt – Kaiser Maximilian. Von Trauer um meinen berühmten Großvater war am dänischen Hof keine Rede.

Es war selbstverständlich, daß mein Bruder Carlos, der mächtigste unter den Fürsten, die sich um die Kaiserkrone bewarben, sie auch erlangte.

Sogleich sandte Christian auf Sigbritts Rat einen Abgesandten an König Karl von Spanien, den zukünftigen Kaiser, der die noch ausstehende Mitgift fordern sollte, dazu für mich eine jährliche Zuwendung von fünfzigtausend Gulden, außerdem Waffenhilfe gegen Schweden.

Der neue Kaiser aber war Habsburger, und wir Habsburger sind sparsam und vorsichtig. Er hatte nicht die Absicht, Christian in seiner ungehemmten Kampfeslust zu unterstützen. Er versprach nur Waffenhilfe bei bedrohlichen Aufständen in Schweden, die

Apanage für seine geliebte Schwester lehnte er ab, wenn auch bei ihrem Gemahl kein Ehebruch mehr vorlag, der König von Dänemark hätte der Königin selber die zuständige jährliche Summe zu zahlen. Von der Mitgift wollte Karl fünfzigtausend Gulden auszahlen, die restlichen vierzigtausend innerhalb vier Jahren.

Das war natürlich Sigbritt viel zu wenig, und zum ersten Mal beging das listenreiche Weib eine Torheit. Sie ließ niederländische Schiffe anhalten, die Ladung fortnehmen, sie verkaufen, um dadurch die fehlende Mitgift zu beschaffen.

Darüber war Kaiser Karl derart verstimmt, daß er nun auch die anderen Abmachungen für nichtig erklärte. Ich kümmerte mich nicht weiter um all diese niederträchtigen Pläne, die zwischen Sigbritt, Slagheck und Christian ausgeheckt wurden.

Wieder nahte meine schwere Stunde. In einer finsteren Dezembernacht wurden zwei Prinzlein geboren. Zwei! Wieviel Liebe konnte ich von jetzt ab verschenken, dachte ich in all meiner Schwachheit. Wieder hatten Sigbritts kurzfingrige, dicke Hände diese Kindlein zuerst berührt, ihnen ans Licht der Welt geholfen.

»Zwei Söhne!« verkündete sie mir mit breitem Grinsen. Doch trotz meines schlechten Befindens verstand ich deutlich, wie sie in Flämisch raunte: »Drei kleine Herrlein im Lande, das ist zu viel.«

Zweimal einhundertein Kanonendonner verkündete dem Volk, daß zwei Prinzen geboren waren. Die Glocken läuteten.

Zwei Wochen später läuteten sie wieder, als Totenglocken. Zwei kleine Särglein wurden aus dem Schloß getragen: meine Zwillinge waren gestorben.

Ich war überzeugt, daß viele in der Bevölkerung – aber ebenso still für sich wie ich – annahmen, daß Sigbritt die Mörderin der Kleinen war, die ihrer Ansicht nach zu viel auf der Welt waren.

Sigbritt aber kümmerte sich nicht darum oder wollte sich nicht darum kümmern, welcher Verdacht auf ihr lastete. Der König wurde von ihr dahin beeinflußt zu glauben, daß diese durchaus gesunden, lebensfähigen Knaben von den Ajas nicht richtig versorgt worden wären. Sie drängte ihn, den zweijährigen Thronfolger vor einem ähnlichen Schicksal zu bewahren, ihn seiner bisherigen Kinderfrau wegzunehmen und ihn ihr, Sigbritt, bei der er in bester Pflege und Sicherheit wäre und im rechten Geist aufwüchse, anzuvertrauen.

So wurde mir auch mein letztes Glück genommen, und trotz des

Protestes der Reichsstände, die verlangten, daß der Thronfolger adligen Händen und nicht der einer ehemaligen Hökerfrau und Schankwirtin anvertraut werden müßte, wurde mein einziger Sohn in Sigbritts Palast gebracht. Nur zweimal in der Woche wurde mir gnädig erlaubt, ihn zu sehen. Dem König schien nichts daran gelegen, seinen Thronfolger dann und wann zu Gesicht zu bekommen. Er brütete düster vor sich hin.

Doch es müßte nicht das satanische Weib Sigbritt gewesen sein, wenn nicht ein neuer Plan aufgetaucht wäre. »Geht es nicht mehr auf die harte Tour, so geht es eben auf die weiche«, äußerte sie einmal mit verschlagenem Augenzwinkern bei der gemeinsamen Mahlzeit.

Was sie damit meinte, wußte ich nicht. Es war mir ja auch alles so gleichgültig geworden. Wie oft weinte ich nachts in die Kissen: »Mein Gott, warum hast du mich verlassen?«

Wie oft strich mir mein greiser Beichtvater sachte über den Kopf, wenn ich betend in der Schloßkapelle kniete und raunte mir zu: »Der Herr wird keinen, der zu ihm fleht, im Stich lassen.«

Schließlich wurde mir im Herbst des Jahres von Christian knapp verkündet, daß er sich gütlich mit den Schweden geeinigt hätte und daß ich meine schönsten Kleider, meinen kostbarsten Schmuck bereithalten sollte, da demnächst seine und meine Krönung in Anwesenheit des gesamten Adels stattfinden und hoch gefeiert werden sollte.

Bei der letzten Bemerkung lächelte er so böse vor sich hin, daß er fast wie Sigbritt aussah. Stand er schon so sehr unter dem Einfluß des Bösen? Doch eine Krönungsfeier, ein endlich, endlich abgeschlossener Friede war doch so etwas Wundervolles, daß man dafür nur danken konnte! Warum blickte er dabei so heimtückisch? Und warum sah ihn Sigbritt so hinterhältig an?

Mir kam diese Angelegenheit nicht geheuer vor, doch ich schämte mich, daß ich so arge Gedanken hatte, obgleich ich doch nur die Hände falten und ein Lobgebet sprechen sollte? War ich von der schlechten Luft der Hölle um mich her schon angesteckt worden?

Ich beichtete es dem alten Priester. Doch er meinte dazu nur sehr nachdenklich: »Oft haben fromme Seelen ein sehr feines Gespür für die Mächte der Unterwelt, die rings um sie herrschen. Der Herr behüte Euch, meine Tochter! Doch auch hinter dunklen Wolken leuchtet das Licht des Herrn.«

Die Krönung zu Stockholm

Mir war, als wären mit einem Schlag alle dunklen Wolken vom frischen Herbstwind fortgejagt worden. Mein Herz war so voll Dank und Lobgesang. Ich freute mich darüber, daß ich wieder ein Kindlein erwartete, was ich bisher nur mit Angst und Schmerzen getan hatte. Ich fürchtete nicht mehr, daß es Sigbritt gelingen würde, es wie meinen Erstgeborenen an sich zu reißen oder gar als »zu viel« töten könnte. War jetzt wieder Frieden bei uns eingekehrt? Alles, alles mußte wieder gut werden.

Am 22. Oktober betrat ich mit dem König samt den Reichsräten von Dänemark und der hohen Geistlichkeit einen funkelnagelneuen, blitzenden Viermaster, über dem der Danebrog, die Flagge Dänemarks, hoch im Winde flatterte. Vor und hinter uns segelten die anderen Schiffe unserer Flotte, die Hunderte von Würdenträgern trugen. Ich atmete auf, daß seltsamerweise Sigbritt, die sich doch sonst überall vordrängte, nicht dabei war. Dafür allerdings der mir so widerliche Vetter, der dem König scheinbar so unentbehrliche Slagheck und zu meinem Staunen der ehemalige Geheimschreiber seines Vaters, der wegen der nicht erwiesenen Ermordung des Hofmeisters der alten Königin bisher gefangen gehalten worden war. Doch dies sollte mir mein Hochgefühl nicht trüben, nicht daran hindern, daß ich mich verjüngt, ja wie neugeboren fühlte. Wie schön war es, rings um uns her die norwegischen, englischen, deutschen, französischen Schiffe zu sehen, die alle stolz dahersegelten und die Flagge ihrer Länder im Winde wehen ließen. Sogar die Koggen der Hansestädte Lübeck, Hamburg und Wismar, die doch bisher Christian gar nicht wohlgesinnt gewesen waren, hatten sich dazu gesellt. Alle Fahrzeuge waren prächtig geschmückt und glitzerten und gleißten in der Herbstsonne, während sie ein frischer, aber angenehmer Wind vorwärts trieb. Kleine Wellen umspielten die Kiele, das Meer war so sanft, als wüßte es auch, daß es uns zu einer Freuden- und Friedensfeier trug. Ich verspürte keine Seekrankheit und war glücklich, so glücklich.

Des schwedischen Reiches Adel empfing uns im Hafen von Stockholm. Girlanden waren über die Straßen gespannt, das Volk winkte und jubelte und alle Glocken läuteten.

Am ersten November sollte die Huldigungsfeier stattfinden. Bei dem kurzen gemeinsamen Mahl, das diesem ereignisreichen Tag voranging und noch unter der Müdigkeit, die der Seefahrt gefolgt war, machte ich Christian schüchtern darauf aufmerksam, daß es der Tag Allerheiligen wäre und sich daher für so ein Freudenfest nicht recht eignete.

Er lachte mich an. Ich hätte mich über ein Lächeln, das ich endlich wieder einmal von ihm erhielt, freuen sollen, doch mir kam es wie ein bösartiges Grinsen, ein Auslachen vor.

»Es wird an diesem Tag noch mehr Heilige geben«, höhnte er.

Ich verstand nicht, schrieb diese seltsame Antwort dem Genuß des starken Weines zu, dem er eifrig zugesprochen hatte, wie es in den letzten drei Jahren nach Düwekes Tod bei ihm immer mehr eingerissen war.

Ich vergaß es über der Schönheit des folgenden Tages, über dem wieder ein seidigblauer Himmel strahlte.

Ich saß mit Christian auf dem baldachinüberdachten Thron auf dem Brunkenberg, wo die Feier in aller Frühe ihren Anfang nahm. Es war solch ein farbenprächtiges Bild, das sich uns dort darbot! Ringsum Banner und Standarten, girlandenbekränzte Masten, auf deren Spitzen die Fahne Dänemarks wie diejenige Schwedens mit ihren drei goldenen Kronen im blauen Felde wehten. Dazu die in allen Farben prangenden festlichen Gewänder. Zu Füßen des Hügels die blinkenden Lanzen, die funkelnden Kanonen, die bunten Helmbüsche der dänischen Streitmacht, und auf dem Norrström, der vom Meere trennte, ein Schiffsmast neben dem anderen, deren Segel in den Himmel ragten.

Die Trompeten schmetterten, die Schiffskanonen donnerten Salut. Baldenak trat an den Fuß unseres Thronsitzes und malte in schwülstigen Worten aus, wie unter dem dänischen König Schweden sich friedvoll zur Großmacht entwickeln würde, daß jeder Zwist begraben wäre und fragte, ob die Reichsstände bereit wären, Christian von Dänemark als König von Schweden anzuerkennen.

Ein lautes »Ja« antwortete, und danach brachten die schwedischen Edlen, die Bauern und Bürger dem König und mir, der Königin, ihre Huldigung dar. Die gesamte Geistlichkeit und Ritterschaft leistete den Treueeid.

Am nächsten Tag fand in der Stadtkirche von Sankt Nikolai die feierliche Krönung statt. Wie seltsam, daß ich erschauerte, als mir der Verräter Erzbischof Trolle die Krone aufs Haupt setzte.

Nun hatte Christian endlich sein Ziel erreicht. Er war König von Dänemark, Norwegen und Schweden. Triumph! Triumph!

Christian strahlte, als wir im feierlichen Zug zum Schloß zurückkehrten. Er grüßte nach beiden Seiten huldvoll. Er blieb auf der Schloßtreppe stehen und richtete väterliche Worte an das Volk. Den Vertretern der Bauern ließ er für ihre Daheimgebliebenen wie für sich selber Fässer des kostbaren Salzes überreichen. Unter dem Volke, das unten auf dem Platz stand, wurden Silbermünzen verteilt. Ochsen wurden für sie am Spieß gebraten. Er ließ dies Fest der Krönung noch üppiger begehen, als es einst die reichen Brüsseler bei meiner Vermählung getan hatten. Auch für die Adligen hatte er Geschenke über Geschenke und freundliche Worte im Übermaß bereit. Goldene Ketten, schimmernde Wehrgehänge, Orden, Titel! Was hatte er nicht alles zu vergeben!

War das derselbe Christian, den ich nun seit drei Jahren als hart und unduldsam, grausam kannte? Hatte er sich nach diesem Erfolg derart geändert? Oder hatte er von Sigbritt Heuchelei und Verstellung gelernt? Ich suchte seine Augen, während er sich so überaus gnädig erwies. Sie waren kalt und unstet wie bisher.

Doch er hatte das Herz des einfachen Volkes gewonnen wie das der Adligen, die nun keine Befürchtungen davor zu haben schienen, daß der dänische König mit solcher Heeresmacht angerückt war.

Es gab ein fröhliches Festessen. Nach dem Mahl mischte sich Christian sogar unter die Anwesenden, und mich forderte er mit einem Blick und einer herrischen Kopfbewegung auf, das gleiche zu tun.

Ich gehorchte gerne. Mir hatten vom ersten Anblick an die aufrechten, stattlichen Männer mit ihrem unerschrockenen aufrichtigen Blick gefallen und ihre ebenso hochgemuten – aber nicht hochmütigen – Frauen mit ihren blonden Haaren und blauen Augen nicht minder. Ich setzte mich hier und da zu ihnen und bewunderte ihre kunstvollen Stickereien an ihren Kleidern.

»Ich selber bekam auch einmal ein paar Handschuhe nordischer Handarbeit geschenkt«, erzählte ich und hätte fast verraten, daß Düweke sie für mich angefertigt hatte. Ich berichtete von meinen Goldstickereien und zeigte die Brabanter Spitzen an meinem großen Kragen, plauderte von diesen Spitzen, die ich auch – aber längst nicht so kunstvoll – zu klöppeln verstand. Ich war bald vertraut mit diesen Edelfrauen, in denen bestimmt kein Falsch war.

Christian nickte mir einmal aus der Ferne anerkennend zu, aber ein liebes Nicken, wie es zwischen Eheleuten wohl Brauch sein kann, war es trotzdem nicht.

Am Schluß der Feier wurden meinem Gemahl und mir noch von den Abgesandten, die aus vielen Ländern gekommen waren, die Glückwünsche ihrer Herrscher entboten. Der Abgesandte meines Bruders Karl überreichte Christian das ihm vom Kaiser verliehene Goldene Vlies an der aus Feuersteinen bestehenden Kette und versicherte zugleich Dänemark der Waffenhilfe, falls sie dieselbe benötigte. Was konnte Christian eigentlich noch mehr verlangen? Auch der mächtige Kaiser Karl erwies sich als ihm gnädig gesonnen und zeigte damit, daß er sich trotz seines früheren Ehebruchs und trotz Sigbritts Übergriffen auf die niederländischen Schiffe als mit ihm ausgesöhnt betrachtete.

Drei Tage währten die Festlichkeiten auf dem Schloß von Stockholm, drei Tage wurde aufgetischt, was Küche und Keller nur bieten konnten, drei Tage glänzte es im Saal von Samt und Seide, Gold und Edelstein. Dann verabschiedeten sich nach und nach die ausländischen Abgesandten. Ihre Schiffe segelten ab.

Noch einmal wollte Christian zum nächsten Tag einladen, doch nicht alle wie sonst, nur eine kleine Anzahl sollte in die Festhalle gebeten werden. Ich war sehr verwundert, daß der König anordnete, daß auch ich nicht dabei sein sollte, sondern daß ich mich in Anbetracht der Strapazen der vergangenen Tage und meines Zustandes früher zu Bett begeben sollte. Auch den kommenden Tag sollte ich ruhen, um Kräfte für die Heimfahrt zu sammeln. Ich war von ihm keine Fürsorge mehr gewöhnt und schaute ihm daher erstaunt nach, als er sich mit hastigen Schritten entfernte. Mir war plötzlich so unheimlich zumute, als wäre die unheilvolle Wolke wieder über mir, über dem Schloß, über dem ganzen Land. Ich saß noch zögernd auf der Bettkante und war nicht fähig, meiner Hofdame und meiner Kammerfrau zu klingelnd, daß sie mir halfen, mich zu entkleiden.

Was hatte ich nur? Ich faltete die Hände. Deutlich spürte ich die bösen Mächte um mich, ich wähnte unheimliches Gelächter, dämonische Schreie zu hören.

»Herr, nimm dich meiner an! Behüte mich vor dem Bösen!« murmelte ich. Und hatte doch, so schalt ich mich wiederum, nach den fröhlichen Festen gar keinen Grund zu solcher Todesangst.

Ich konnte in der Nacht nicht schlafen und fühlte mich am Morgen so zerschlagen, daß ich dankbar für Christians Rat war, mich noch auszuruhen. Die letzten Tage waren ja auch etwas zu anstrengend für mich gewesen, ich war doch so an ein ruhiges, allzu ruhiges Leben gewöhnt.

Eine meiner Hofdamen kam, um nach mir zu sehen, ich bat sie um mein Frühstück und darum, öfter einmal nach mir zu sehen, da ich mich nicht wohl fühlte. Vielleicht könne sie sich mit den anderen Damen abwechseln, um doch noch zum Festessen herabgehen zu können.

»Wir sind nicht geladen«, erwiderte sie, »und denken Sie, Majestät, es ist uns schon aufgefallen, daß überhaupt keine Dänen dazu gebeten worden sind. Will der König einmal ganz allein bei seinen neuen Untertanen, den Schweden sein, die ihm ja feierlich Treue gelobt haben und er dafür alles vergeben und vergessen wollte, was bisher geschehen ist. Viele der Eingeladenen, das hörte ich soeben im Hof, waren etwas betroffen darüber, daß die Saaltüren mit dänischen Wachen besetzt waren. Aber der König, der sie am Eingang begrüßte, lachte über ihr Befremden und scherzte über ihre Bedenken.«

Ich hatte kaum hingehört, so müde war ich noch. Nachdem ich nur wenig gegessen hatte, schlummerte ich endlich ein. Es war schon reichlich spät, als ich erwachte, es dämmerte bereits. Es war seltsam still im Schloß. Auf mein Schellen erschien eine meiner Hofdamen mit totenblassem Gesicht und hinter ihr drängte sich eine zweite herein, als ob sie große Angst hätten.

»Oh, Majestät«, raunte die eine, »was sich eigentlich ereignet hat, wissen wir nicht. Die eingeladenen Gäste waren lange im Saal eingesperrt, dann sind alle in die Kelleräume des Schlosses geführt worden. Keiner ist bisher wieder aus dem Schlosse herausgekommen, keiner konnte nach Hause gehen und so müssen sie wohl den ganzen Tag, vielleicht auch die Nacht im Keller bleiben.«

»Im Keller!« schrie ich auf, »das kann doch nicht möglich sein, es ist doch schon Abend!«

Rasch stand ich auf, verlangte, angekleidet zu werden. Es ging mir gar nicht schnell genug. Ich legte keinen Wert auf mein Äußeres. Ich eilte zu den Gemächern meines Gemahls. Ich hatte plötzlich nicht die geringste Furcht vor ihm, den ich lange genug als Wüterich kannte. Ich riß die Tür auf. Er saß mit Slagheck und

Baldenak an einem Tisch. Sie hatten den Kopf über eine lange Rolle gebeugt, in die Baldenak immer noch weiter kritzelte.

Christian blickte mit blutunterlaufenen Augen auf. »Was willst du hier?« brüllte er und sah aus wie ein Irrer.

»Was geschieht mit deinen Gästen, die unten in den Kellergewölben eingesperrt sind?« fragte ich.

»Die Verräter werden morgen von einem Tribunal rechtlich verurteilt werden«, entgegnete er mit hämischem Grinsen, und Slagheck, der mir immer wie ein Teufel vorkam, stimmte ein.

»Verräter!« rief ich empört. »Hast du nicht schriftlich und mündlich versprochen, daß alles vergeben und vergessen sein soll? Ein König bricht sein Wort nicht. Wozu sollen sie verurteilt werden?«

Christian grinste höhnisch: »Ich wollte das zarte Gemüt der Königin, Erzherzogin und Infantin schonen«, antwortete er. »Aber nun will sie es ja wissen. Drunten auf dem Markplatz ist schon der Block aufgestellt und die Scharfrichter sind bereit, kräftig mit ihrem Schwert zuzuhauen. Die Köpfe werden rollen, rollen bis zum Mälarsee hinab. Willst du gerne zuschauen? Es wird bis spät abends dauern und ein noch nie gesehenes Schauspiel geben, und am Tage danach werden wir die Edelknaben hängen.«

»Um Himmels willen!« schrie ich auf. »Diese unschuldigen Kinder!«

»Die Kinder sind die Rächer der Erwachsenen. Und ich will endgültig Ruhe in Schweden haben«, entgegnete er.

»Du . . . Satan! Du Besessener!« schrie ich, ohne ihn noch zu fürchten. Doch dann fiel ich auf die Knie vor ihm: »Ich flehe dich an, Christian, sei barmherzig, vergieße kein Blut. Blut schreit gen Himmel und verlangt wieder Blut. Sein Blut komme über uns und unsere Kinder, hat einst das Volk vor der Kreuzigung des Herrn geschrien, und es ist eingetroffen. Schone dich und unsere Kinder!«

»Scher dich hinaus!« brüllte er derart rasend vor Wut, daß ich ohnmächtig umsank.

Ich weiß nicht, wie ich wieder in mein Bett kam. Er mochte wohl nach meinen Kammerfrauen geläutet haben.

Ich schlief die ganze Nacht nicht. Gegen Mittag, als die Glocken läuteten, erschallten die Trompeten in der Stadt. Danach verkündeten laute Männerstimmen, daß keiner sein Haus verlassen dürfe. Es war soweit. Noch einmal wagte ich mich aus meinem Gemach, stellte mich dem König in den Weg, kniete noch einmal vor ihm und bat für das Leben der Verurteilten, dafür, nicht das edle Blut zu vergießen.

»Gewiß ist es edles Blut«, höhnte er, »in ihren edlen, festlichen Gewändern werden sie zur Richtstätte geführt und dort werden einer nach dem anderen, ihrem hohen Range nach, enthauptet. Und nun aus dem Weg!«

Achtlos schritt er an mir vorbei und die Treppe hinab.

Ich kehrte in meine Gemächer zurück; ich schloß mich ein. Nur meine Hofdamen sollten um mich sein. Ich ließ die Vorhänge dicht schließen, ich wollte nichts hören und sehen. Keiner der Verurteilten schrie, doch ich mußte doch hören, wie das Schwert des Scharfrichters unaufhörlich zuschlug, stundenlang. Als es dunkel wurde, sah ich durch die Vorhänge das Flackern der Pechfackeln, die zu dieser grausigen Arbeit leuchten sollten, ihr Qualm drang durch die Ritzen der Fenster, zugleich mit dem Geruch des vergossenen Blutes.

Am Morgen war es totenstil. Ich flüchtete in die Schloßkapelle, kniete nieder und barg den schmerzenden Kopf in die gefalteten Hände. Aber ich konnte nicht beten, ich verstand Gott nicht, Gott, den barmherzigen Vater. Wieder war mein greiser Beichtvater da, er strich mir über den Kopf. »Wir wollen darum beten, daß er dem Wüten des Verblendeten Einhalt gebietet, ehe er selber vernichtet wird«, sagte er.

Ja, Christian war verblendet, meine Gebete hatten so wenig Macht wie meine Kniefälle. Wenn ich mich ihm weiter in den Weg stellte, mußte auch ich damit rechnen, daß mein Kopf rollen würde. Immer neue Opfer wurden zum Schafott geführt, wenn man irgendwo noch Dänenfeinde aufgespürt hatte. Doch was lag mir noch an meinem Leben.

Ich blieb in meinen Gemächern, erfuhr nur durch die zitternden Kammerfrauen, daß die Leiber der Hingerichteten zwei Tage aufgeschichtet auf dem Platz liegen geblieben, dann weggefahren und verbrannt worden wären.

Ob wir nun nach Dänemark zurückkehrten, der Mörder, seine Kumpane, sein Heer und auch ich?

Doch dann erfuhr ich durch die Kammerfrauen, daß der König für eine Reise durch Schweden rüstete, um weitere Opfer aufzuspüren. Büttel, Scharfrichter und Henker würden ihn begleiten.

Doch um Himmelswillen nicht ich!

Ich wagte mich noch einmal zu ihm. Wieder saß er mit aufgestütztem Kopf mit Slagheck und Baldenak hinter dem Tisch. – Wieder brüllte er mir entgegen: »Was willst du? Wagst du dich ungerufen hier herein? Es ist keine Zeit mehr dafür, um Gnade zu jammern.«

Ich blieb ruhig und antwortete gefaßt: »Es steht mir nicht an, mich in Eurer Majestät Angelegenheiten zu mischen. Da Eure Majestät noch weitere Reisen in Schweden planen und ich einer baldigen Niederkunft entgegensehe, bitte ich, nach Dänemark zurückkehren zu können!«

»Wende dich an meinen Admiral Sören Norby, er soll dich samt meinem berühmten Feldherrn Otto Krumpen, der es gewagt hat, mir Vorhaltungen zu machen, auf ein Schiff nehmen und abfahren. Schwert euch zum Teufel, alle beide! Scher dich zum Teufel, Weib!«

Ich verneigte mich stumm. Er blickte mich mit wirren Augen, in denen es wie Irrsinn leuchtete, an. Schämte er sich etwa doch vor mir? Zum Teufel sollte ich! War der Teufel nicht hier bei ihm? Ich sandte sofort Botschaft zu Admiral Norby, daß mir der König die Erlaubnis gegeben hätte, mit einem seiner Schiffe nach Dänemark zu fahren und daß ich in aller Kürze mit meinen Hofdamen am Hafen erscheinen würde. Ich beeilte mich sehr, denn es war bei Christians Grausamkeit wohl möglich, daß er seinen Befehl wieder rückgängig machen konnte, um mich auf die Folter zu spannen. Schaudernd sah ich auf die Blutlachen auf dem Platz und auf das rot gefärbte Wasser im Hafenbecken.

Otto Krumpen stand neben dem Admiral an Bord, sie nahmen mich in Empfang. »Ich wundere mich, daß mein Haupt nicht auch gefallen ist, als ich ihm riet, nicht im ganzen Land nach weiteren Opfern zu suchen, um sie grausam hinzurichten.«

»Ich habe gar nicht erst versucht, ihn zur Milde zu stimmen«, erklärte der Admiral. »Es war besser; ich verbarg hier im Schiff einige mir befreundete Schweden, die ich später auf irgendeiner Insel absetzen werde.«

Fünfzig Tage dauerte das grausige Blutbad, dann kehrte der König an Weihnachten, dem Fest der Liebe, nach Dänemark zurück.

Der große Schatz

Es war Winter geworden. Über Schweden würde wohl der Schnee wie ein weißes Totenlaken liegen und Friedhofsstille herrschen. In Dänemark war es, als wartete jeder angstvoll, daß aus drohenden Wolken der Blitz der Vergeltung einschlüge.
Ich war eine Weile voller Furcht gewesen, Sigbritt würde sich auch meiner beiden neugeborenen Töchterlein bemächtigen, sie entweder töten, wie meine Zwillinge, weil sie »zuviel« im Lande wären, oder sie mir fortnehmen und unter ihre Aufsicht bringen. Doch es geschah nichts dergleichen. Sie war zwar bei der Geburt, aber außer ihr, auf meinen dringlichen Wunsch, der neue Hofmedicus, zu dem ich großes Vertrauen hatte. Er meinte zu ihr: »Die Kindchen sind klein, aber durchaus lebensfähig.« Sie antwortete hämisch: »Man kann durch ihre Verheiratung in etwas mehr als einem Jahrzehnt neue Bündnisse anknüpfen. Insoweit möchten sie von Nutzen sein.«

»Vorläufig ist es wichtiger, daß die Mutter am Leben bleibt«, erwiderte der Arzt. »Sie ist sehr geschwächt.«

»Es ist schade, daß mein heilkundiger Vetter Slagheck noch in Schweden weilt«, erwiderte sie. »Der wüßte das rechte Belebungsmittel.«

Ich hatte dieses Gespräch bisher nur in einem Dämmerzustand in mich aufgenommen. Doch bei dem Namen des Mörders Slagheck fuhr ich auf und schrie angstvoll: »Nein!«

»Nur nicht aufregen!« beschwichtigte der Hofmedicus und ergriff meine Hand. »Vielleicht ist ein sanfter Tod, nach allem, was sie erleben mußte, eine Erlösung für sie«, raunte er.

»Wie meinen Sie das?« fuhr ihn Sigbritt wütend an. »Sie ist Königin. Es geht ihr nichts ab.«

Der Medicus antwortete nicht, verzog nur den Mund.

»Sie darf auf keinen Fall sterben«, bestimmte Sigbritt, »wenn auch des Königs Liebe zu ihr nicht sonderlich groß ist. Sie ist die Schwester Kaiser Karls. Die Hälfte ihrer Mitgift ist noch nicht ausgezahlt, und Karls Waffenhilfe ist sehr wichtig.«

»So, so«, murmelte der Arzt, »darum muß sie ihr Leben weiterschleppen.« –

Ich erholte mich rascher, als er angenommen hatte. Zuerst aß ich wieder am Tisch des kleinen Gemaches allein, dann gesellte sich Christian wie einst hinzu und zu meinem stillen Entsetzen auch wie selbstverständlich diese arge Frau Sigbritt.

Sie würdigten mich beide keines Blickes. Sie erkundigten sich nicht nach meinem Befinden, fragten nicht nach den Kindern. Sie unterhielten sich auch kaum miteinander.

Er stocherte unlustig in seinem Essen herum. Sie trommelte mit ihren kurzen roten Fingern auf der Tischplatte herum und murmelte immer wieder: »Geld muß her! Geld muß her! Diese Hinrichtungen in Schweden haben uns auch nicht viel gebracht, da dummerweise die Schlösser der Enthaupteten zum großen Teil sinnlos mit allen darin befindlichen Schätzen verbrannt worden sind. Die schwedischen Frauen scheinen sowieso nicht über viel Schmuck zu verfügen, und ob die Herrschaften Gold- und Silbermünzen aufgehäuft hatten und sie an sicheren Orten versteckten oder ob sie überhaupt keine Reichtümer besaßen, das muß Slagheck noch herausfinden. Das einzige, was ich noch unternommen habe, die echten Münzen in Gold und Silber mußte jeder hier im Lande abliefern, und es wurde mit den schwersten Strafen gedroht, wer welche zurückbehielte. Dafür, daß sie ja schließlich etwas Geld haben mußten, erhielten sie unwerte Münzen, die ich hatte prägen lassen. Doch viel ist dabei nicht herausgekommen. Aus dem Volk hier ist wirklich kaum noch etwas herauszuquetschen, und die Krönung mit all den neuen Schiffen, all dem Glanz und Gloria hat viel gekostet. Nun, wenigstens herrscht jetzt Frieden in Schweden, und das Reich dort hat Kupfer, Erz- und Silbergruben, die viel abwerfen werden, wenn wir die Bergleute tüchtig an die Arbeit treiben. Die werden sich hüten, uns Schwierigkeiten zu machen. Sie haben ja gesehen, wohin das ihren Adel und alle Vornehmen geführt hat.«

Christian schien dem Redeschwall Sigbritts kaum zugehört zu haben. Er starrte geistesabwesend vor sich hin. Oh, ich wußte schon, daß er seiner Mordtaten in Schweden nicht froh wurde.

Eine meiner Hofdamen hatte mir mit schlotternden Gliedern erzählt, daß sie ihn in der Dämmerung in einem der dunklen Gänge getroffen und er sie mit glasigen Augen angestarrt hätte, als wollte er sie sogleich in Ketten legen und abführen lassen.

»Wer bist du?« hatte er dann gekeucht, und als sie gestammelt hatte, sie wäre ein Hofdame, die nach der Königin sehen wollte, hätte er sich mit einem Fluch abgewandt.

Eines Nachts war ich aufgeschreckt. Er war taumelnd – anscheinend betrunken – am Fußende meines Bettes gestanden und hatte gelallt: »Siehst du sie auch, die Galgen alle, die Richtblöcke, das zweischneidige Schwert des Scharfrichters? Siehst du die Köpfe auf dem Boden rollen? Siehst du den Berg von Leichen, alle säuberlich aufgestapelt, das Blut, all das Blut? Der Mälarsee ist rot von Blut.«

Er hatte den Kopf nach vorne sinken lassen. Ich war in Todesängsten, er würde mein Bett mit der brennenden Kerze anzünden.

Ich schrie, schrie. Es gellte wohl durch das ganze Schloß.

Die Hofdamen erschienen, wagten aber nicht, sich dem König zu nähern.

»Holt einen Wachoffizier, meldet ihm, es wäre dem König schlecht geworden«, befahl ich.

Ein mutiger Mann wagte sich herein, wagte es, dem gefürchteten König die Kerze abzunehmen, und ein zweiter folgte ihm und bot dem König den Arm und sagte ehrfurchtsvoll: »Erlauben Sie, Majestät, daß ich Sie in Ihr Schlafgemach geleite? Es hat Sie wohl ein plötzliches Unwohlsein überfallen.«

Ich hatte meine Hände unter der Decke gefaltet und flehte Gott um Hilfe an. Danach dankte ich ihm, daß Christian gutwillig den Männern gefolgt war, die bewiesen hatten, daß es auch noch Mutige in Dänemark gab.

Fing schon die Vergeltung an? Quälte nun das Gewissen den König schon Tag und Nacht und brachte ihn fast zum Wahnsinn?

Immer wieder lauschte ich nun nachts bei verschlossener Tür auf die Geräusche im Schloß und hörte ihn treppauf, treppab von einem Raum in den andern stapfen. Es war, wie ich von der griechischen Sage einst in Mechelen gelernt hatte, daß Rachegöttinnen den Schuldigen verfolgen. Hierbei war es die Strafe Gottes, die begann. Was würde ich wohl noch alles mit ihm erleben, erdulden müssen?

Einige Tage nach dem nächtlichen Schrecken kam Sigbritt so selbstbewußt und siegessicher zur Abendmahlzeit, daß ich sofort dachte, daß ihr wieder ein teuflischer Plan im Kopf herumspukte.

Und so war es auch.

An jenem Abend hatte ich den königlichen Leibarzt Glipping eingeladen, an meinem Mahl in dem kleinen besonders warmen

Gemach teilzunehmen. Ich hatte ihn vorher zu mir gebeten, da mein Herz mir wieder sehr zu schaffen machte und dem vertrauenswürdigen Manne dabei gestanden, daß ich mich so aufgeregt fühlte, wenn diese verabscheuungswürdige Sigbritt abends an meinem Tisch auftauchte und sich benähme, als wenn sie allein Herr und Regent im Schlosse bis zu meinen eigensten Gemächern wäre.

»Nun, das wollen wir abstellen«, hatte mir Glipping schmunzelnd versprochen. »Ich werde Ihnen, Majestät, in Sigbritts Anwesenheit raten, vor dem Zubettgehen keine Unterhaltung mehr zu pflegen, sondern allein zu speisen.«

Sigbritt war etwas verblüfft, als sie den Arzt bei ihrem Eintreten bemerkte, faßte sich aber sogleich, setzte sich nach seiner Begrüßung würdevoll auf einen Sessel und trommelte wieder, während das Essen aufgetragen wurde, mit den Fingern auf die Tischplatte.

»Gut, daß Ihr hier seid, Doktor«, begann sie das Gespräch. »Bei Euch gilt doch das Arztgeheimnis. Ihr werdet nichts von meinem neuesten Plan weiterberichten. Ich kann mich in dieser Hinsicht auf Euch verlassen?«

»Selbstverständlich«, versicherte der Medicus.

»Also«, fing sie an und lehnte sich selbstbewußt zurück, »habt Ihr als studierter Mann schon von der neuen Lehre etwas vernommen, die ein Mönch in Deutschland hervorgerufen hat, indem er gegen den Ablaßhandel, den Papst und die Geistlichkeit zu Felde zog?«

»Gewiß meint Ihr den Doktor Martinus Luther«, erwiderte der Arzt. »Mein Neffe, dessen Vater bei Eurer Majestät Onkel, dem Herzog von Holstein, angestellt ist, berichtete viel davon. Der junge Mann hat nämlich in Deutschland, in Wittenberg, studiert, wo Doktor Martinus Luther predigt und lehrt. Selbst vor dem Kaiser Karl hat dieser ehemalige Mönch seine Ansichten tapfer verteidigt, und als er von dem Reichstag von Worms zurückgekehrt ist, hat ihn sein Herr, der Kurfürst von Sachsen, auf einer Burg versteckt gehalten, damit er nicht gefangengesetzt wurde. Dort auf dieser Burg hat er die Bibel, zuerst das Neue Testament, ins Deutsche übersetzt, so daß jedermann, soweit er lesen gelernt hat, das Wort Gottes ohne Hilfe der Priester lesen kann. Er sitzt übrigens jetzt nicht mehr auf dieser Burg, der Martinus Luther, sondern wohlbehalten in Wittenberg, und niemand wagt ihn anzutasten, denn ihn schützt sein Kurfürst. Es ist wohl auch Gottes

Wille so, denn viele Deutsche hangen jetzt dieser neuen Lehre von Martinus Luther an, und auch in anderen Ländern breitete sich dieser neue Glaube aus. Damit ist es aus mit dem Ablaßhandel und der großen Macht der katholischen Priester. Wer weiß, ob die Lehre dieses ehemaligen Mönches nicht auch hierhin dringt. Sie scheint nicht aufzuhalten zu sein. Ihre Anhänger nennen sich evangelisch. Evangelisch nach dem Evangelium. Ja, mehr weiß ich nun nicht darüber, und manches mag ich auch nicht ganz richtig erzählt haben, weil ich meinem Neffen nicht so aufmerksam zuhörte und bei meinem katholischen Bekenntnis wohl bleiben werde. Dieser Doktor Martinus Luther soll gewaltig predigen, so daß, als er in der Schloßkirche zu Dresden gesprochen habe, die Hofmeisterin bemerkte, wenn sie noch so eine Predigt hören könnte, würde sie wohl ruhiger sterben können.«

»Ans Sterben denken wir nicht, es genügt uns aber, was wir von Euch erfahren haben«, erwiderte Sigbritt. »Und nun schlage ich Eurer Majestät vor, daß Ihr einen Schüler dieses Luther von Wittenberg hierher ins Land ruft, weil uns diese neue Lehre auch interessiert. Ich denke, es wäre recht gut, wenn unseren Klöstern und der ganzen Mönchsherrschaft einmal gründlich die Flügel beschnitten würden. Das geschieht, wenn das Volk über ihr Treiben aufgeklärt wird. Dann fließen keine Gaben mehr für Ablaß und für Seelenmessen, und dann wird der Klosterschatz zuguterletzt dem König zugesprochen werden.«

Das war also Sigbritts neuer Plan. Jetzt sollte die Geistlichkeit für neue Einnahmequellen herhalten.

Was war das für eine raffinierte Frau! Sogar mit dem Glauben, dem höchsten Heiligtum, was wir Menschen haben, trieb sie ihr Spiel. Und doch – muß ich ihr nicht sogar dankbar sein?

Es steht in der Heiligen Schrift: »Ihr gedachtet es böse zu machen. Gott hat es aber gut gemacht.« So ähnlich hatte ich als Kind von Josef in seiner mir sehr lieben Geschichte gelernt. Und so erging es nun auch mir.

Gott hat es für mich gut gemacht. In meiner dunkelsten Zeit erbarmte er sich meiner auf seltsame Art. Ein neues Leben brach für mich an.

Drei Wochen nachdem Sigbritt ihren Plan vorgetragen hatte, einen Schüler Doktor Martinus Luther nach Kopenhagen einzuladen, traf ein evangelischer Geistlicher ein. Dieser ehemalige katholische Priester Martin Reinhard wurde bei dem Verwandten des Holsteiners, wovon der Hofmedicus erzählt hatte, untergebracht. Der junge Student, der Sohn dieser Holsteiner Familie, war in der Kirche, der größten Kopenhagens, die ihm der König zur Verfügung stellen ließ, sein Dolmetscher.

Ich ging zu seinem ersten Gottesdienst in Begleitung einer meiner Hofdamen und lauschte verdeckt hinter dem Vorhang der königlichen Loge.

Die Kirche war überfüllt. Auch Sigbritt war da, aber sie hatte sich ihren Platz nahe bei der Tür ausgewählt, um den Opferteller dort zu überwachen und wohl auch einzukassieren.

Sie hatte sich aber geirrt, als sie annahm, daß dieser Prediger sogleich Blitze gegen die katholische Kirche, die Geistlichkeit, den Papst schleudern und das Volk aufhetzen würde. Er berichtete sehr ruhig, wie in dem deutschen Land ein Mönch namens Tetzel Ablaßhandel getrieben hätte und daß Martin Luther darüber so empört gewesen wäre, daß er am Tage vor Allerheiligen 95 Thesen (Sätze) an die Schloßkirche zu Wittenberg angeschlagen hätte. Martin Reinhardt las uns etwas aus diesen Thesen vor, natürlich nicht alle 95, die hätten doch nicht alle verstanden, und es wäre am Ende nicht aufrüttelnd, sondern langweilig geworden.

Ich behielt davon noch, daß der Papst keine Schuld vergeben könnte. »Daher irrten die Ablaßprediger, die da sagen, daß durch des Papstes Ablaß der Mensch von aller Strafe los und selig werde. Die zeigen Menschentand, die da vorgeben: sobald der Groschen im Kasten springt, fahre die Seele aus dem Fegefeuer. Weg daher mit all den Propheten, die da sagen zu der Gemeinde Christi: ›Friede, Friede!‹ und ist doch kein Friede. Man soll die Christen vermahnen, daß sie Christo, ihrem Haupt, durch Kreuz, Tod und Hölle nachzufolgen sich befleißen und also mehr durch Trübsal als durch falschen Frieden ins Himmelreich einzugehen sich getrösten.«

Ach, und wie dann dieser schlichte Prediger Reinhard die Worte der Thesen auslegte, die Nachfolge Jesu, die uns durch Kreuz und Leid zur Seligkeit führe. Welch wundervolle Worte las er dazu aus dem Buch, das er als Übersetzung des Neuen Testamentes bezeichnete! Ich bemühte mich, einige davon mir zu merken.

»Wir müssen durch viel Trübsal in das Reich Gottes eingehen.« – »Unsere Trübsal, die zeitlich und leicht ist, schafft eine ewige und über alle Maßen wichtige Herrlichkeit, uns, die wir nicht sehen auf das Sichtbare, sondern auf das Unsichtbare. Denn was sichtbar ist, das ist zeitlich; was aber unsichtbar ist, das ist ewig.«

Mit den Worten, die der Herr Jesus Christus seinen Jüngern zum Abschied gesagt hatte, entließ uns der evangelische Prediger an diesem Abend: »Mir ist gegeben alle Gewalt im Himmel und auf Erden. Und siehe, ich bin bei euch alle Tage bis an der Welt Ende.« Und er segnete uns vor dem Hinausgehen mit den Worten des Herrn: »Solches habe ich mit euch geredet, daß ihr in mir Frieden habet. In der Welt habt ihr Angst; aber seid getrost, ich habe die Welt überwunden.«

Ich stand als ein anderer Mensch von meinem Platz auf. Doch zugleich dachte ich: »Jene Hofdame hat gesagt, sie könne ruhiger sterben, wenn sie noch einmal solch eine Predigt höre. Wer weiß, ob mir Christian in seinem Wahn nicht schon am nächsten Tag verbietet, daß ich zur Kirche gehe, um den evangelischen Geistlichen zu hören. Ich brauche aber dieses Buch, diese Worte Jesu für mein zukünftiges Leben, meine zukünftige Trübsal.« – Wie sollte ich das bewirken?

Es dauerte lange, bis sich die Kirche völlig leerte. Ich mußte aus meiner Loge, die sich vorne neben dem Altar und der Kanzel befand, herabsteigen, war also eine der letzten. Der Prediger stand noch am Altar und blickte der Menge nach.

Ich ging nahe an ihm vorbei und raunte ihm zu: »Schiebt mir unauffällig euer Bibelbuch unter meinen Mantel in meine Hand. Ich reiche euch einen niederländischen Goldgulden dafür, euch ein neues zu kaufen.«

Er nickte. Ich griff zu und umklammerte das schwarze zerlesene Buch, das mir von jetzt an Trost und Aufrichtung schenken sollte, und verbarg es in den Falten meines weiten Mantels, während der Geistliche den Gulden in seinem Talar verschwinden ließ.

Ich las täglich in dem schwarzen Bändchen, und es gab mir immer neue Kraft, neue Erkenntnisse. Mein Glaube wuchs. Meine Freudigkeit mit ihm und durch ihn.

Ich war meinem Herrn Jesus Christus sehr dankbar, daß ich auch die nächsten Gottesdienste ohne einen Einspruch, ein Verbot des Königs besuchen durfte.

Nun, eigentlich hatte ich es ja Sigbritt zu verdanken. Sie hatte dieses Predigen angeregt, in böser Absicht. Aber es war wie Paulus aus Rom schreibt, daß viele Brüder das Wort reden ohne Scheu, »etliche zwar predigen Christus auch um Neides und Haders willen, aus Streitsucht und nicht lauter. Was tut's aber? Wenn nur Christus verkündigt wird auf alle Weise, es geschehe zum Vorwand oder in Wahrheit, so freue ich mich darüber und will mich auch fernerhin freuen.«

Der gute aufrichtige Martin Reinhard predigte bestimmt das Evangelium nicht um des Neides und Haders willen. Er hatte keine Ahnung, warum er hierher gerufen worden war, oder vielmehr er nahm an, es wäre aus wirklichem Verlangen nach der reinen Lehre des Doktor Martinus Luthers geschehen.

Sigbritt aber hatte ihn vom König her bestellen lassen, um das Volk gegen die Priester und Klöster aufzuhetzen, vielleicht es soweit zu bringen, daß es gegen sie mit aller Wut vorging, daß es dann Zeit für den König wäre, einzugreifen und dabei das Klostergut an sich zu bringen, wie es schon in Schweden geschehen war, wo zwei Bischöfe des Verrats bezichtigt wurden und an einem anderen Ort sogar acht Mönche samt ihrem Abt ertränkt worden waren. Doch Sigbritt hatte sich diesmal verrechnet. Die Menschen kamen immer zahlreicher zu den Predigten Martin Reinhards, der uns allen das Kreuz Christi vor Augen malte, uns lehrte, daß unsere Sünden durch das Blut des Gottessohnes getilgt würden. Der uns zurief, was ich vor allem auf mich selbst bezog: »Der Herr spricht: ›Wer mir nachfolgen will, der nehme sein Kreuz auf sich und folge mir nach!‹«

Nein, er hatte keinen Aufruhr entfacht, wohl aber hatte er die Saat des Evangeliums ausgestreut, die später auch in Dänemark aufgehen würde und die in meinem Herzen bereits aufgegangen war. Das Bekenntnis Martin Luthers war auch das meine geworden. Ich wollte aber meinen guten alten Beichtvater Mansueri nicht dadurch kränken, ihm das zu gestehen. Ich betete weiterhin in der Schloßkapelle, nicht aber mehr an den Altären der Heiligen.

Ich verbarg vor aller Augen meinen wertvollen Schatz, das Neue Testament. Es war gut, daß es in Deutsch geschrieben war und daher auch der alles durchschnüffelnden Sigbritt für ein Gebetsbuch gelten konnte, da sie es nicht lesen konnte. So blieb mir dieser Schatz erhalten.

Wenn alles zusammenbricht

Sigbritts Plan, durch den evangelischen Prediger das Volk gegen die katholische Geistlichkeit aufzuwiegeln, war fehlgeschlagen. Aber das, was sie bezweckt hatte, war anders in Erfüllung gegangen, als sie in ihrem gerissenen Hirn sich ausgemalt hatte. Die Menschen waren aus ihrer dumpfen Ergebenheit aufgeweckt. Hatten sie Luthers Schrift, woraus der Geistliche vorgelesen hatte, mißverstanden? Sie handelte »von der Freiheit eines Christenmenschen«.

Sigbritt merkte wohl, daß man sie nicht mehr so unterwürfig und scheu anblickte, und was sie gerufen hatte, wollte sie nun los haben, die lutherische Lehre, den Prediger dieser Lehre.

Ein Gassenjunge wurde auf ihre Veranlassung , die sie aber den Geistlichen zuschrieb, als lutherischer Prediger verkleidet und grölte mit deutschen Brocken in seinem Straßendänisch und in weit ausholenden Gesten in den Straßen und Kneipen herum, um Martin Reinhard lächerlich zu machen. Doch als Erfolg bezog er in nächtlicher Stunde von Unbekannten eine tüchtige Tracht Prügel, und als sich Martin Reinhard nach vierzehn Tagen von seinen Hörern verabschiedete und sie mit den Worten ermunterte: »Wen der Sohn frei macht, der ist recht frei! Strebet nach dieser Freiheit und folget allein unserm Herrn Jesus Christus, dem einzigen wahren Helfer!«, da merkte man, wie sie allesamt bewegt waren, wie ihnen die Tränen nahe waren, daß sie es bedauerten, daß dieser Gottesmann sie verließ. Ja, die Saat des Wortes Jesu war auf den bereiten Boden gefallen, und manches Körnlein würde aufgehen und Frucht bringen hundertfältig.

Christian hatte sich wenig oder gar nicht um diese lutherischen Verkündigungen gekümmert. Ihm war von Baldenak gemeldet worden, daß Gustav Wasa im Norden Schwedens frei und öffentlich aufgetaucht war und daß sich schon eine stattliche Anzahl wehrtüchtiger Männer um ihn geschart hätten.

Er tobte wie wahnsinnig: »Gustav Wasa!« schrie er, »Gustav Wasa, warum habe ich ihn nicht köpfen lassen!«

»Man muß erst einen haben, ehe man ihm das Haupt abschlägt«, hatte Sigbritt etwas spöttisch dazu bemerkt.

»Warum rast euer Vetter und Baldenak in Schweden hin und her und lassen nur kleine unwichtige Mönchlein, unbedeutende Bürger henken, und Gustav Wasa finden sie alle beide nicht!« schrie Christian sie an. »Baldenak meldet mir auch, daß durch die unvernünftigen Maßnahmen Slaghecks das Volk in Schweden nur gereizt würde, neue Aufstände drohten und Gustav Wasa immer mehr Zuläufer hätte.«

»Ach«, wehrte Sigbritt lachend ab, »wovon will der Bettler Gustav Wasa ein Heer ernähren, Waffen beschaffen?«

Christian brüllte die mächtige Frau zum ersten Mal unbeherrscht an, wie er es bis zu dieser Stunde nur bei mir getan hatte.

»Schweden hat Erzgruben, Kupfer, Silber und Eisen in der Erde Schoß. Er kann Münzen für den Sold prägen lassen, wenn diese stolzen Bauern überhaupt Wert auf Sold legen. Er kann Waffen schmieden, Kanonen gießen lassen. Dem ist alles zuzutrauen.«

»Und wovon sollen sich diese stolzen Bauern ernähren?« fragte Sigbritt spöttisch.

Christian antwortete: »Baldenak schreibt, sie hätten geschworen, sich an Wasser und Baumrinde genügen zu lassen. So sind diese Schweden!«

»Wir werden ihnen ein Heer entgegenstellen, das mehr als Wasser und Baumrinde als Nahrung hat«, rief Sigbritt aufgebracht. »Wilde Söldner, und vorerst, solange die Gefahr noch nicht so groß ist, mustern wir unsere Bauern, heben sie als Soldaten aus!«

Ich hielt mich so viel wie möglich von allem, was jetzt geschah, zurück. Ich fühlte deutlich, wie noch einmal die dämonischen Mächte sich zum Streit aufmachten. Ich spürte aber auch den Mächtigeren, der bei uns ist »alle Tage bis an der Welt Ende«.

Sigbritt spielte nochmals ihre Macht aus. Sie hatte die Dreistigkeit, bei der Musterung der Seeländischen Bauern stolz neben dem König zu stehen, bis sie plötzlich starke Bauernfäuste erfaßten und in den nahen See warfen.

Noch aber war für die Bauern die Stunde der Vergeltung nicht gekommen.

»Sie schwimmt oben!« brüllten lachend Hunderte von Männern. »Hexen schwimmen oben!«

Ihr weiter Rock hatte Sigbritt hochgehalten. Zwei Soldaten mußten sie auf Befehl des Königs, der vor Wut schäumte, aus dem Wasser retten. Die Büttel sollten die Übeltäter sogleich fassen und henken. Aber wer waren die Übeltäter?

Sigbritt wurde nach Hause gefahren, und als sie in ihren nassen Kleidern die Treppe zu ihrem Palast hinaufstieg, schwirrten Kugeln um ihren Kopf. Ja, das Volk war erwacht, aber anders als die Teufelin das geplant hatte. Trotzdem fühlte sie sich noch mächtig, als wäre sie mit dem Satan im Bunde. Sie tat, als merke sie nicht, wie die Erbitterung im Volk wuchs, daß sie ihr alles zum Vorwurf machten. Selbst im Schloß wurde schon darüber geraunt und mir von meinen Hofdamen zugetragen.

Slagheck und Baldenak wurden aus Schweden zum Bericht zurückgerufen. Slagheck gab zu, daß Gustav Wasa ein Heer sammelte, doch sei noch nichts zu befürchten, da er noch weit im Norden weile. Baldenak war weniger zuversichtlich: »Männer, die bereit sind, sich von Baumrinde und Wasser zu ernähren, lassen sich nicht so leicht bezwingen.«

Sigbritt wußte es wieder besser: »Ach dummes Zeug, wir werden ein weit größeres Heer zusammenbringen.«

Und schon kam sie mit einem neuen Plan heraus: Der König müsse bei Kaiser Karl vorstellig werden, und Christian stimmte zu. Das wurde mir berichtet.

Am anderen Morgen trat Sigbritt hochfahrend in mein Schlafgemach: »Wir fahren im vollen Glanz zu Eurer Majestät Bruder, dem Deutschen Kaiser, um zu beweisen, daß es mit Dänemark noch nicht am Ende ist. Kaiser Karl weilt zur Zeit in Eurer Heimat, in Brüssel. Ich hoffe, daß Euch das freut.«

Ich bemerkte ihren Hohn nicht, ich spürte, wie ich vor Freude errötete, ich fühlte mein Herz klopfen. Oh, nach Brüssel, die geliebte Tante, den geliebten Bruder wiedersehen, vielleicht auch den zweiten Bruder, den gutherzigen Ferdinand. Welch übergroßes Glück!

»Natürlich freue ich mich!« stammelte ich, »Ich bin über alle Maßen bewegt.«

»Das dachte ich mir«, stimmte Sigbritt mit ihrem bösen Grinsen bei, »Haben Eure Majestät den lieben fürstlichen Verwandten etwas auszurichten?«

»Auszurichten?« wiederholte ich verständnislos.

»Ja!« erwiderte sie höhnisch, »natürlich werdet ihr nicht mitreisen. Der König und ich, sein Finanzminister, vertreten Dänemark. Da der König bisher zu weichherzig war und nicht auf seiner Forderung bestanden hat, werde ich energisch den Rest Eurer

Mitgift verlangen und die Waffenhilfe gegen den Aufrührer Gustav Wasa. Oh, ich fürchte mich vor keinem Kaiser und keinem Teufel! Dieses Mal gerät es! Wir werden das nötige Geld für ein neues Heer und dazu deutsche Waffenhilfe haben.« Stolz ging sie hinaus und ich sank zerschmettert auf mein Bett. Sigbritt am Hofe des deutschen Kaisers, meines stolzen Bruder Carlos, Sigbritt mit glänzendem Gefolge! Würde wirklich Sigbritt, dieses niedrige Weib bei meinem hochmütigen Bruder etwas ausrichten. Wie würde er es auffassen, wenn anstatt seiner Schwester diese Ränkeschmiedin, diese ehemalige Kneipenwirtin auftauchte? War sie denn so verblendet, daß sie nicht ahnte, daß ihr Erscheinen ohne mich den Kaiser nur verstimmen konnte? War sie so von sich überzeugt? Doch das Ärgste war mir doch, daß ich zurückbleiben mußte. Ich weinte so sehr, daß meine Hofdamen schließlich zum Hofmedicus sandten. Er reichte mir einen Beruhigungstrank. Doch mehr als seine Medizin wirkte, nachdem ich mich etwas erholt hatte, mein schwarzes Buch, das Neue Testament. Ich las darin die trostvollen Worte: »Kommet her zu mir alle, die ihr mühselig und beladen seid, ich will euch erquicken.« Und damit schlief ich ein, gewiß neuem Kummer, neuer Aufregung entgegen.

Schon am nächsten Tag erfuhr ich, daß der König Slagheck, anstatt ihn zu bestrafen, zum Erzbischof von Lund ernannt hatte. Der Kurier, der die Bestätigung des Papstes dieser Einsetzung einholen sollte, sei schon abgesandt. Für Slagheck das höchste Kirchenamt im Land! Und Sigbritt die Finanzministerin! Ja, war es nicht so, als würde Dänemark von diesen greulichen, furchtbaren Geschöpfen allein regiert.

Wenige Tage darauf brach Christian mit prächtigem Gefolge und mit der im höchsten Staat prangenden Sigbritt nach Brüssel auf. Vier Wochen dauerte es, bis sie zurückkehrten. Bei der Mittagstafel prahlte Sigbritt von den köstlichen Gelagen, von den Herren aus uradeligem Geschlecht, mit denen sie getafelt hätte. Doch sie erwähnte nichts von meiner Mitgift, nichts von der Waffenhilfe, nichts von einem Empfang beim Kaiser.

Und in Schweden rückte Gustav Wasa immer weiter vor. Christians einzige Hoffnung war noch sein Onkel, der Herzog von Holstein. Doch ehe er sich zu ihm auf den Weg machte, erschien ein Kurier, der ihm ein Handschreiben seines kaiserlichen Schwagers überbrachte.

»Ein Handschreiben von Kaiser Karl!« rief mir der König triumphierend zu, »Er wird es sich anders überlegt haben. Er wird helfen!«

Er löste das Siegel, las und wurde dunkelrot vor Zorn. »Der Kaiser erinnert mich, daß seine Schwester streng im katholischen Glauben erzogen wäre und warnt mich, sie weiterhin dem Einfluß lutherischer Ketzer auszusetzen«, erklärte er und dann verfiel er in einen schlimmen Tobsuchtsanfall. »Wer hat es gewagt, mich bei dem Kaiser schlecht zu machen? Deshalb hat er mich keines Blickes gewürdigt, weil er den Brief des Verleumders schon in Händen hatte. Wer war es?« Er raste im Gemach auf und ab.

»Nun weiß ich es!« brüllte er. »Dein Beichtvater Mansueri! Er wird heute noch gehenkt!«

Todesmutig stellte ich mich Christian in den Weg. »Niemals hat es der gute alte Mann getan«, rief ich.

Christian stieß mich zur Seite. Er befahl den greisen Geistlichen zu holen, der alte, gebeugte Mann kam. Die Vorwürfe Christians prasselten auf ihn nieder, aber er blieb ruhig.

»Sterben wir, so sterben wir dem Herrn«, erwiderte er. »Ich bin bereit, vor meinen Herrn im Himmel zu treten. Doch ich schwöre bei meinem Erlöser am Kreuz, daß ich unschuldig bin, und Euch zuliebe gebe ich zu bedenken, daß ich ein Abgesandter seiner Heiligkeit, des Papstes bin.«

»Hinaus mit ihm!« befahl Christian. Schaum stand ihm vor dem Mund. »Sogleich wird er auf das Schiff gebracht, das in wenigen Stunden gen Schottland fährt!«

Ich fiel vor Christian in die Knie, versicherte ihm schluchzend, daß Mansueri unschuldig wäre.

Er riß mich roh in die Höhe.

Wer befördert deine Briefe an den Hof von Brüssel? Hast du dorthin geschrieben?« fragte er drohend.

»Ja, vorgestern«, erwiderte ich. »Diese Briefe können nicht die Ursache des Handschreibens meines kaiserlichen Bruders sein. Sie sind noch gar nicht angekommen.«

Er drehte mir das Handgelenk um, daß ich vor Schmerzen aufschrie.

»Er ist doch erst vor Stunden mit den Briefen fortgeritten«, verteidigte ich den Unglücklichen. »Ich nenne seinen Namen nicht.«

Da schlug mich Christian ins Gesicht.

»Schlage nur, lege mich in Ketten, töte mich!« rief ich ihm unter Tränen zu. »Das wird gewiß des Kaisers Waffenhilfe hierhin führen. Dann hast du erreicht, daß die deutsche Heeresmacht hier erscheint.«

Er stierte mich mit blutunterlaufenen Augen an, faßte nach meinem Hals, würgte mich: »Heraus mit der Sprache«, keuchte er. »Wer befördert deine beiden Briefe?«

»Er kann ja nur wenige Stunden weit sein«, schluchzte ich nochmal, und dann stieß ich, als ich kaum noch atmen konnte, mit letzter Kraft hervor: »Mein Kammerjunker de Bins.«

Ich fiel ohnmächtig auf den Boden. Ich ahnte, daß ich hiermit den Tod des armen jungen Mannes heraufbeschworen hatte.

Ob man ihn noch erreicht hatte?

Christian hatte keine Zeit mehr, sich darum zu kümmern. Am nächsten Tage erschien der päpstliche Nuntius in Kopenhagen und befahl, vom König sofort empfangen zu werden.

Ich fürchtete, ebenfalls vor den Abgesandten des Papstes geholt zu werden und wegen meiner Besuche der Gottesdienste des lutherischen Predigers gerügt zu werden. Doch der Nuntius hatte wohl Christian zum Vorwurf gemacht, daß Martin Reinhard hier gewesen war, doch die Hauptanklage bezog sich auf die Ermordung der katholischen Bischöfe, Äbte und Mönche durch Slagheck. Slagheck war zum Erzbischof ernannt worden, was natürlich sofort rückgängig gemacht werden mußte. Die erforderliche Bestätigung des Papstes wurde nicht erteilt. Als Kirchenfürst unterstände Slagheck der Gerichtsbarkeit der Kirche und müßte als ihr Gefangener übergeben werden.

So ereilte Slagheck endlich sein Geschick und er wurde trotz seines Leugnens und Lamentierens von der Kirche zum Tode verurteilt. Trotz des schmählichen Endes ihres Verwandten gab Sigbritt aber noch nicht auf. Auf ihr Drängen ritt Christian nun endlich zu seinem Onkel, dem Herzog von Holstein. Aber auch dort fand er keine Unterstützung mehr.

Ich flehte ihn nochmals an, auf Schweden zu verzichten, mit den Hansestädten Frieden zu schließen. Er stieß mich wieder einmal wie etwas Lästiges zur Seite. Da wußte ich in einem jähen Ahnen plötzlich, daß alles zu Ende war, daß alle Macht Christians zerbrochen war. Ich ging in mein Schlafgemach.

Dort nahm ich meinen einzigen Trost, Gottes Wort. Als ich es aufschlug, las ich: »Selig sind, die Leid tragen, denn sie sollen getröstet werden.«

Ja, ich wollte tragen, tragen und mein Herr Jesus Christus würde bei mir sein, wenn ich mein Kreuz auf mich nähme und ihm nachfolgte. Wo wäre ich in diesen Stunden geblieben? Wäre ich nicht in Verzweiflung versunken, wenn ich diesen Trost nicht gehabt hätte?

Ach meine liebe Tochter, oder wer diese Zeilen einst lesen mag, halte dich fest an Ihn, der seinen Jüngern gesagt hat: »Ihr habt jetzt Traurigkeit, aber ich will euch wiedersehen und euer Herz soll sich freuen, und eure Freude soll niemand von euch nehmen.« Einst, wie bald vielleicht schon, werde ich vor seinem Thron stehen dürfen – und wie es die Heilige Schrift verheißen hat: »Gott wird abwischen alle Tränen«!

Ja, ich habe großen Trost gefunden. Wenn alles zusammenbricht, darf ich nach deiner Hand fassen, mein Herr Jesus Christus, und du ziehst mich heraus, wie einst Petrus aus den drohenden Wellen.

Der Abschied

Die Macht meines Gemahls, des Königs von Dänemark war zerbrochen. Der Blitz der Vergeltung war endlich auf ihn niedergezuckt. Nirgends sah er mehr Rettung, Hilfe. Die Lübecker hatten die Insel Bornholm erobert. Die Schiffe der Hansestädte Lübeck, Wismar, Rostock und Stralsund segelten stolz an Kopenhagen vorbei gen Norden, um die Festung Helsingör zu stürmen und die schmale Wasserstraße zwischen Helsingör und Helsingborg zu sperren. Kein Schiff, ob aus Frankreich, England oder den Niederlanden konnte durchkommen, falls sie wirklich zu Hilfe eilen wollten. Aber wer wollte das schon?

Sogar sein eigener Onkel, der Herzog von Holstein, hatte Christian die Kriegserklärung zugesandt und sie an alle Kirchentüren Jütlands anschlagen lassen. Christian rief die norwegischen und dänischen Reichsräte ein. Doch sie kamen nicht. In Schweden hatte der Adel, die Bauern und die Bürger Gustav Wasa zum König gewählt. Die Schiffe der Hanse lagen zum Kampf bereit vor

Kopenhagen. Alles war verloren, die Stunde der Wahrheit war da.

Noch war die Flotte bereit, uns, das heißt die königliche Familie außer Landes und in Sicherheit zu bringen, dann aber zurückzufahren. Wie konnte Christian ihnen auch weiter den Sold bezahlen und was nützten ihm die Schiffe noch.

Wir packten, packten ziellos und planlos, dabei halfen meine beiden treuen Hofdamen und die beiden Ajas. Die anderen Diener hatten uns schon verlassen, ohne Lohn standen sie einem entrechteten König nicht zu Gebot. Wir füllten Kisten und Körbe. Gold und Silber, Schmuck, Prunkrüstungen, Prachtgewänder, wertvolle Spitzen und Stoffe, Samt und Seide, Wäsche und Hausrat, vor allem aber die Kronjuwelen wurden von den wenigen Getreuen auf die Schiffe gebracht. In der Dämmerung des trübe anbrechenden Tages gingen Christian und ich mit den Kindern in unauffälliger Kleidung an Bord des Admiralschiffes. Doch wir konnten Kopenhagen noch nicht verlassen, mußten darum bangen, ob wir überhaupt noch in Sicherheit gebracht werden konnten. Die Schiffe lagen noch unbewegt vor Anker. Der treue Bischof Ive Bide und der alte Reichskanzler verhandelten mit der lübeckschen Flotte um Gewährung der freien Fahrt der königlichen Schiffe durch den gesperrten Öresund.

Nach und nach wurde es Tag. Hunderte von Menschen versammelten sich am Strand. Doch keiner rief uns Schimpfworte zum Abschied zu. Sie alle starrten zu uns herüber. Der König verließ sein Volk für immer. Das ergriff sie trotz allem, was er Verwerfliches getan hatte.

Ich zitterte vor Aufregung und Erschöpfung, und doch war ein einziges heimliches Glück in mir: der böse Geist, der Christian jahrelang unterjocht, beeinflußt hatte, war nicht bei uns an Bord. Gott sei Dank, dachte ich, Sigbritt ist zurückgeblieben. Christian ist frei, frei von dem satanischen Einfluß dieses besessenen Weibes.

Doch was sahen wir da? Aus Sigbritts Palast wurde von kräftigen Männern, wahrhaftem Lumpengesindel, ein Riesenfaß gerollt, genau auf unser Schiff zu. Die Reling hinauf mußten sie sich sehr anstrengen, das Ungetüm zu schieben. Endlich setzten sie es dicht vor Christians Füße ab, liefen an Land und tauchten rasch in der Menge unter. Was mochte in dem Faß sein? War Sigbritt von Gewissensbissen geplagt worden, sandte sie dem König all das ungerecht aufgehäufte Geld und Gut? Wo war sie selber geblieben?

Hatte sie sich das Leben genommen, war zu dem gegangen, dem sie angehörte, zu Satan?

Da! – das Faß bewegte sich. Es hatte Luftlöcher, die ich für Spundlöcher gehalten hatte, und nun keifte die mir so wohlbekannte, so verhaßte Stimme: »Macht doch endlich auf!«

Einige Matrosen griffen lachend und auch fluchend zu, und wer stieg ramponiert, aber frech wie immer heraus: Sigbritt.

»Oh, mein Gott«, schrie ich entsetzt auf.

Sie verstand nicht, daß ich verzweifelt war, daß wir dieses satanische Weib auch auf unserer Flucht wie einen bösen Geist wieder bei uns hatten, daß ihr Einfluß auf Christian, auf uns alle noch nicht erloschen war.

Sie lachte triumphierend.

»Ja, mir ist keiner über«, rühmte sie sich. »Ich mußte fürchten, daß die Händler, die schon im Morgengrauen ihre Stände auf dem Markt aufschlagen, mich trotz der Verkleidung erkannt und mich daran gehindert hätten, aufs Schiff zu kommen, so ließ ich mich denn von guten Freunden in eine wohlgepolsterte Tonne einschließen und so bin ich hier gut, wenn auch etwas unbequem, angekommen. Ich werde mich rasch von der Strapaze erholen und auch Ihr, mein König, werdet mit meiner Hilfe alles überstehen. Den Thronfolger habe ich ja schon gestern ins Schloß gesandt. Der Junge konnte ja nicht allein zum Schiff laufen, gewiß hätten ihm die Kopenhagener nichts getan, denn er konnte ja nichts dafür, daß er bei mir aufwuchs. Aber er sollte nicht wissen, wie ich diese schöne Reise antreten wollte, sonst hätte er es in aller Unschuld verraten können. Nicht wahr, mein Sohn!« Sie wollte ihm über den Kopf streichen, aber das Kind schreckte vor der Berührung zurück, klammerte sich an meine Röcke.

»Mein Sohn«, hatte sie zu meinem Sohn gesagt, wie empört war ich über die Unverschämtheit dieser Frau. So strich ich ihm zärtlich über den blonden Lockenkopf. »Mein Sohn bist du«, flüsterte ich ihm zu und er hob seine schönen, blauen Augen zu mir auf und antwortete voll Glückseligkeit: »Ja, ja, dein Sohn, liebste Mama!«

Ich stand an der Reling des »Löwen von Dänemark«, des größten Schiffes der Flotte, die uns begleiten würde. Es wurde Mittag und noch immer regte sich nichts. Nur immer mehr Leute hatten sich am Ufer eingefunden.

Ach, dachte ich, wenn doch einer den Mut hätte und diese

Sigbritt vom Schiff herunterholte, wenn sie sich auch wie eine Wilde mit Krallen und Zähnen wehren würde. Doch ich bemerkte nur, daß die Menschen jetzt zorniger waren und empört zu uns herüberstarrten. Sie dachten wohl, wir hätten diese Hexe eingeladen, uns zu begleiten.

Endlich, endlich waren die Verhandlungen abgeschlossen, zwanzig stolze Schiffe, die bald nicht mehr unser sein würden, stachen mit uns in See.

Immer noch stand ich an der Reling des Admiralschiffes. Der König hatte sich zu mir gesellt. Ich war froh, daß sich Sigbritt fernhielt. Vielleicht dachte sie an die Kugeln, die ihr neulich um den Kopf gepfiffen waren und fürchtete noch so einen Abschiedsgruß. Unverwandt blickte ich auf das Schloß, die Stadt, die mehr und mehr entschwand. Ich nahm Abschied für immer.

Die Heimkehr

Es ist dieselbe Fahrt – nur in umgekehrter Richtung –, die ich vor sieben Jahren gemacht hatte, als ich als Königin nach Dänemark gebracht wurde. Sind es wirklich erst sieben, nur sieben Jahre her? Ja, 1515 bin ich in Brüssel das erste Mal getraut worden. Dann hat Christian lange, lange gezögert, wohl ein Jahr, mich nach Kopenhagen zur zweiten Trauung und zur Krönung holen zu lassen. Und jetzt war das Jahr 1523, in dem wir als Flüchtlinge Christians Königreich verlassen mußten. Wieder fuhren wir an der Küste Jütlands entlang, und Christian stand wie versteinert stundenlang an der Reling und blickte hinüber auf dieses Jütland, das ihm auch gehört hatte, und das ihm den Gehorsam aufgesagt hatte. Ein König ohne Land war er, der keinen Ort hatte, der ihm noch gehörte, wo er sein Haupt zum Schlafen hinlegen konnte, wenn es ihm nicht mitleidig gegönnt wurde. Auf die Barmherzigkeit anderer war er angewiesen.

Ich hatte aber trotz allem Leid einen Freudenschimmer: ich reiste in die alte Heimat zurück, zurück in die Arme meiner geliebten Tante! Das half mir auch, fast zwei Wochen lang, die stürmische Seefahrt auszuhalten. Es war, als hätte sich auch das Meer gegen diese Fracht, die es tragen mußte, verschworen. Haushohe Wellen

Stockholm im 16. Jahrhundert (Kupferstich)

Das alte Stockholmer Schloß im Jahre 1661

Joachim I., Kurfürst von Brandenburg.
(Holzschnitt nach dem Gemälde von Lucas Cranach d. Ä.)

Kurfürst Johann der Beständige von Sachsen.
(Gemälde von Lucas Cranach d. Ä.)

Die Wartburg, Ostseite

Die Wartburg, Vorhof von Süden gesehen

Luther auf der Wartburg bei der Bibelübersetzung

Luther verantwortet sich auf dem Reichstag in Worms vor Kaiser Karl V.

Martin Luther

Blick in die Schloßkirche in Wittenberg

Melanchthon übergibt Karl V. die Confessio Augustana

warfen die Schiffe auf und nieder und fluteten über das Deck. Die Kinder mußten rasch nach unten in die Kabinen gebracht werden.

Mich aber hielt die Hoffnung aufrecht. Ich blieb durch Gottes Gnade von der Seekrankheit verschont, und ich dankte ihm dafür. Ich bin ihm gleichfalls dankbar, daß nach den ersten Sturmtagen auch mein Sohn wieder aufstehen konnte. Ich setzte mich mit ihm auf das geschütztere Achterdeck, und dort – dicht aneinandergeschmiegt – erzählte ich ihm die Geschichten, die er nie bei Sigbritt gehört hatte, von dem Kind in der Krippe, das zu unser aller Heil geboren ist, von dem zwölfjährigen Jesus im Tempel, von dem Heiland, der durch das Land zog und Kranke heilte, vom Reich Gottes erzählte und für uns ans Kreuz geschlagen wurde, damit unsere Sünden durch sein Blut abgewaschen würden.

Der Knabe lauschte mir sehr aufmerksam und begehrte, immer mehr von dem Herrn Jesus zu hören, was mich mit tiefer Freude erfüllte.

Ich hatte ihm dadurch ja nichts erzählt, was gegen den katholischen Glauben verstieß und wenn er davon sprach, bei Tante Margarethe auffallen mußte. Ich erzählte ihm auch von dieser lieben Tante Margarethe in dem schönen flämischen Land, in deren Obhut ich eine so schöne Kindheit verlebt hatte und die uns gewiß aufnehmen würde. Als wir die Spitze Jütlands umschifft hatten und der Sturm nachließ, tauchte auch Sigbritt wieder an Deck auf. Anmaßend wie immer kam sie auf mich und den Knaben zu und sagte: »Jetzt will ich meinen Sohn wieder in Obhut nehmen.«

Johann drückte sich fest, wie Hilfe suchend, an mich. Ich aber erwiderte ruhig: »Frau Sigbritt, Ihr wißt genau, daß dies mein Sohn ist. Ihr habt kein Recht an ihm. Wir sind nicht mehr in Dänemark. Auch der König hat mir, was meine Mutterrechte betrifft, nichts zu befehlen. Wir sind bald in meiner Heimat, in den Niederlanden und dort habt ihr keine Anordnungen mehr zu treffen.«

»Das werden wir sehen«, schnaubte sie. Wutentbrannt kehrte sie um.

Am Morgen des ersten Mai landeten wir in Veere auf Walcheren. Die Schiffe gingen vor Anker, wir blieben aber noch auf dem »Löwen von Dänemark«. Ein Kurier wurde nach Brüssel zu der Regentin gesandt, um unsere Ankunft zu melden.

Es dauerte bis zum nächsten Morgen. Da näherte sich eine Karosse und zwei Troßwagen. Wir verließen das Schiff. Die Flotte wendete, Christian blickte ihr mit verzerrtem Gesicht nach und auch mir traten die Tränen in die Augen. Es war das Letzte, was wir bis jetzt noch von Dänemark besessen hatten.

Ich hatte erwartet, daß mich meine Tante Margarethe, die Statthalterin, in Empfang nehmen und in die Arme schließen würde. Der Kurier, der in Walcheren unsere Ankunft erwartet und gemeldet hatte, überreichte mir nun ein Handschreiben der Regentin. Sie fühle sich nicht wohl genug, mir entgegenzukommen. Ich würde auch sowieso zu müde für eine lange Begrüßung sein. In ihrem Schloß in Brüssel wäre nicht genug Platz für meine ganze Familie und Bedienung. Sie hätte das Schloß in Gent für uns herrichten lassen, das heißt nur einige, die nötigen Gemächer darin. Dorthin sollten wir uns begeben. Ich sollte mich einen Tag ausruhen, hernach auch das Auspacken gewiß überwachen wollen und am dritten Tag erwarte sie mich in Brüssel. Dort könnten wir uns dann des Wiedersehens freuen und alles Weitere besprechen. Bis dahin hätte ich wohl auch das Nötigste meiner Habe in den Räumen verteilen lassen und mich wohnlicher darin empfunden.

Mir kamen vor Enttäuschung die Tränen in die Augen. Doch ich mußte meiner lieben Tante mit ihrer Vorsorge wohl recht geben, und wenn ich sieben Jahre auf ein Wiedersehen gewartet hatte, so konnte ich es auch wohl noch zwei Tage bis dahin aushalten. Noch ein Blick zu den Schiffen, dann begaben wir uns zu den Wagen. Auf dem Troßwagen war schon viel von dem, was die Matrosen flink ausgeladen hatten, von fleißigen flämischen Händen verstaut worden. Ich setzte mich unbesorgt in die Karosse, als ich die zuverlässigen Diener meiner Tante bei der Arbeit gesehen hatte. Christian nahm neben mir Platz und die Aja mit den drei Kindern uns gegenüber.

»Und wo soll ich sitzen?« ertönte da eine zornige Stimme.

»Neben dem Kutscher ist für mich kein Platz und das wäre auch nichts für mich.«

»Die Kinder müssen geschützt im Wagen bleiben«, antwortete ich, »und Ihr werdet wohl nicht annehmen, daß ich mich auf den Bock setze!«

Sigbritt stampfte wütend mit dem Fuß: »Ich verlange einen mir gebührenden Platz!« schrie sie.

Christian schwieg und ich erwiderte: »So sucht Euch einen beim Troß!« und befahl dem Kutscher, abzufahren.

Das Schloß in Gent, das lange unbenutzt gewesen war, wies nur spärliches Mobiliar auf. Doch das machte mir wenig aus. Ich verspürte keine Müdigkeit mehr. Ich ließ die Räume von den flämischen Dienern, die bei uns geblieben waren, so gemütlich wie möglich gestalten. Auf das Keifen Sigbritts hörte ich nicht mehr und die flämischen Diener kümmerten sich nicht darum. Ich war von Herzen dankbar, daß mir der Herr die Kraft verliehen hatte, die »in den Schwachen mächtig ist, die sich an seiner Gnade genügen lassen«.

Am dritten Tag wartete meiner die Staatskarosse der Regentin, um mich nach Brüssel abzuholen. Es war bezeichnend, daß sich Sigbritt mit hineinquetschen wollte, doch ich befahl ihr energisch, zurückzubleiben, da meine Tante nur mich geladen hätte. In Brüssel stolperte ich fast vor Erregung die Stufen zu dem Audienzsaal hinauf. Meine Augen waren von Tränen verdunkelt. Und dann stand hoch aufgerichtet, wie ich sie in Erinnerung hatte, mit ihrem Witwenschleier auf dem goldblonden Haar die Statthalterin vor mir.

»Oh Tante!« schuchzte ich und fiel vor ihr auf die Knie.

Sie hob mich voll Erbarmen auf, betrachtete mich lange und sagte dann: »Oh, mein armes Kind, was haben sie in den wenigen Jahren aus dir gemacht! Als blühendes junges Mädchen verließest du mich und als vergrämte, verblühte Frau stehst du jetzt vor mir. Oh, hätte ich das geahnt! Oh, hätte ich dieser Heirat nie zugestimmt!«

Ich konnte vor Weinen nicht sprechen.

»Fünfmal bist du Mutter geworden«, fuhr sie fort, »aber zwei Kinder, zwei Prinzlein waren der Hexe zuviel. Oh, was hast du gelitten unter diesem Weib, unter diesem Mann, dem Ehebrecher, dem hundertfachen, tausendfachen Mörder! Nimm deine drei Kinder und komme zu mir. Du sollst wieder gesund gepflegt werden, und deine Kinder sollen eine so glückliche Kindheit bei mir haben, wie du sie hattest.«

Ich schüttelte den Kopf.

»Willst du sie mir nicht anvertrauen, willst du sie nicht in meine Obhut geben?« fragte Tante Margarethe.

»Oh, wie gerne«, antwortete ich, »aber ich kann doch nicht von ihm fort, kann mich nicht von ihm trennen.«

Die Züge der Regentin verhärteten sich.

»Nie will ich den Mörder und Ehebrecher, nie diese Hexe an

meinem Hofe haben«, sagte sie. »Doch daß du wenigstens von ihr erlöst wirst, dafür sorge ich. Sie wird als Hexe vor das geistliche Gericht kommen.«

Weinend, wie ich gekommen war, verließ ich die geliebte Tante. Sie bat mich, ihren Vorschlag gut zu überlegen. Sie könnte auch den Papst einschalten, daß er diese Ehe löse, die Christian unter Ehebruch begonnen hatte.

Ich schluchzte, nickte, versprach bald wiederzukommen.

Als ich heimkam, war Sigbritt verschwunden. Irgendwoher hatte sie bereits eine Warnung erhalten und war verkleidet geflüchtet. Ich konnte, wenigstens was sie betraf, aufatmen. Mochten doch diese dämonischen Mächte auch von Christian weichen, der immerhin noch mein Gemahl, der Vater meiner Kinder war.

Doch immer noch war Sigbritts unheilvoller Einfluß nicht völlig von ihm gewichen. Meine Tante, die Statthalterin, hatte mich wohl damit verschonen wollen, um mich armes weinendes Geschöpf nicht noch mehr aufzuregen. Aber Christian teilte mir selber wütend mit, daß er gleich am Tage unserer Ankunft in Gent auf Sigbritts Anraten ein Handschreiben an die Regentin gesandt habe, in dem er energisch meine restliche Mitgift und eine hohe Apanage für mich verlangte. Mit diesem Geld wollte er neue Söldner dingen, mit ihnen nach Norwegen fahren, wo er als Statthalter bei der Bevölkerung gut gelitten gewesen war. Von dort aus wollte er nach Dänemark übersetzen und sein Reich zurückerobern. Ach, was nützte es ihm, ein Land in Besitz zu nehmen, wenn das Volk ihm nicht mehr gehorchen wollte. Das waren wieder Sigbritts Pläne gewesen, sie selbst hatte ihm versprochen, ihm dann mit Tatkraft zur Seite zu stehen. Und Christian in seiner Verblendung war ganz davon eingenommen.

Meine Tante hatte natürlich abgelehnt, ihm das Geforderte auszuzahlen, weil sie ja wußte, daß nichts für mich und meine Kinder verwendet werden sollte. Da der Kaiser zur Zeit in Spanien weile, hätte sie nicht das Recht, über eine solche Summe zu verfügen. Das Äußerste, was sie uns aus eigenen Mitteln zukommen lassen könne, wären fünfhundert Gulden monatlich. Aber das würde sie auch nur ihrer geliebten Nichte zuliebe zahlen. Fünfhundert Gulden waren wirklich sehr wenig. Doch ich wollte Christians Drängen nicht nachgeben und bei meiner Tante um mehr bitten. Wenn er keinen Stolz mehr hatte, so wollte ich ihn als Habsburgerin doch behalten. Habsburger sind sparsam, ich sparte auch. Ich entließ die meisten Diener. Nur eine Bitte trug ich Margarethe noch vor: Ich wollte mit meiner Familie nicht mehr in Gent bleiben. Ich konnte es einfach nicht. Gent sei eine reiche Stadt mit begüterten Bürgern und stolzen Adligen. Unter ihnen könnte ich mit meiner Familie und diesem geringen Einkommen nicht leben, ohne mich erniedrigen zu müssen. Margarethe hörte meine Bitte an, setzte aber meine Apanage nicht höher. Wahrscheinlich wollte sie mich zwingen, auf ihren Vorschlag einzugehen und mit den Kindern zu ihr zu ziehen. Doch ich weigerte mich weiterhin.

»Liebst du diesen verderbten Menschen denn?« fragte Margarethe erstaunt.

»Lieben! Wie könnte ich, nachdem er mich wie einen Hund behandelt, mit Fäusten gestoßen, gewürgt, geschlagen hat!« erwiderte ich. »Aber ich halte mein Gelübde, so wie eine Nonne auch ihr Gelübde nicht bricht.«

Margarethe schüttelte den Kopf. »Du wirst dich noch anders besinnen«, meinte sie. »Vergiß nicht, daß ich dich und die Kinder jederzeit mit offenen Armen empfangen werde – ohne ihn. Gut, so zieht in die kleine Stadt Lier. Dort sind keine Adelspaläste. Dort wird kein Prunk getrieben. Dort könnt ihr billiger leben.«

Und wir zogen nach Lier, und ich sparte, wo ich konnte! Ich verkaufte und versetzte unser Hab und Gut, soweit wir das eben entbehren konnten. Sogar das kostbare Spielzeug der Kinder mußte hergegeben werden. Ich saß stundenlang und nähte aus Kleidungsstücken aus besserer Zeit für die Kinder, die aus allem herauswuchsen. Die Kinder waren mein einziger Sonnenstrahl, und das Neue Testament mein Trost. Nirgends hatte ich in Lier Freunde. Niemand zeigte mir auch nur Barmherzigkeit, Mitleid. Und da überkam es mich eines Nachts, daß es Selbstsucht war, die Kinder in unserer Notlage bei uns zu behalten. Christian kümmerte sich ja um nichts, was seine Familie anging. Er hatte weder für mich noch seine Kinder ein freundliches Wort. Ich mußte selber die Entscheidung treffen. Ich fragte bei meiner Tante an, ob sie bei ihrem Angebot bliebe, ob ich ihr die drei Kinder bringen dürfte. Ich hatte einen einfachen Boten, den ich gerade noch bezahlen konnte, zu ihr gesandt. Sie sandte ihre Staatskarosse. Ich ermahnte die Kinder, sich von ihrem Vater liebevoll zu verabschieden, was Christian gleichgültig aufnahm. Dann stieg ich mit den Kindern ein und fuhr nach Brüssel. Die Tante empfing uns überaus herzlich. Wieder war sie entsetzt über mein Aussehen. Ich war durch die Entbehrungen noch schmaler und welker geworden. Und wieder war sie enttäuscht, als ich ablehnte, gleichfalls bei ihr zu bleiben.

»Ich bin Habsburgerin und Spanierin und Christin, und das letztere vor allem«, erklärte ich. »Ich halte mein Gelübde und trage das Kreuz, das mir auferlegt ist.« Margarethe war enttäuscht über meine Worte, doch sie hielt mich nicht zurück.

»Mit fünfhundert Gulden werdet ihr zu zweit ohne drei hungrige Kinder, die du auch kleiden mußtest, besser leben können«, meinte sie. Das war ihr einziger Trost.

Die Reise nach Brandenburg

Ich war auch in unserer Armut, wie ich schon meiner Tante gesagt hatte, die stolze Spanierin, die stolze Habsburgerin geblieben. Doch das soll nicht mißverstanden werden. Ich hielt mich an die Worte der Heiligen Schrift: »Gott widerstehet den Hoffärtigen, aber den Demütigen gibt er Gnade.« Vor meinem Gott wolle ich demütig bleiben. »Durch Demut achte einer den anderen höher als sich selbst.« Ach, wie viele Worte schenkt uns die Heilige Schrift, die von der Demut zeugen.

Doch Christian war nicht in diesem Sinne demütig. Er war auf andere Art auch stolz, stolz, daß er König von Dänemark war, obwohl er doch längst Land und Volk verloren hatte.

Aber er hatte keinen Stolz mehr, da er sich vor anderen widerlich demütigte, vor ihnen am Boden kroch, seine Tage damit zubrachte, an alle Fürsten Bittbriefe zu schreiben, sie anzuflehen, ihm mit Waffenhilfe beizustehen. Wer würde das wohl tun, da sie doch alle wußten, daß er auf verlorenem Posten stand. Und jeder von ihnen sagte ihm mehr oder weniger höflich ab, gab vor, seine eigenen Sorgen zu haben, wenn er überhaupt einer Antwort gewürdigt wurde.

Ich empfand es geradezu als eine Schande, daß mein Gemahl sich derart erniedrigte vor Menschen, sich zum Gespött der anderen Fürsten machte. Und doch tat er mir auch wiederum leid, daß er, der einst so selbstbewußte Herrscher, nun so hilfslos und ratlos war.

Ab und zu durfte ich meine Kinder in Brüssel besuchen. Sie waren zusehends aufgeblüht und fröhlicher, als ich sie je erlebt hatte. Ich war Margarethe, der Regentin, die an ihnen wie einst an mir Mutterstelle vertrat, sehr dankbar. Aber sie brachte es doch übers Herz, mir zu sagen, daß es dem Kaiser sehr recht wäre, wenn Christian nicht mehr in den Niederlanden wohnte. Auch sie selber könnte mir nicht verhehlen, daß sie Christian im Grund ihrer Seele verabscheue und ihn gerne außerhalb ihres Bereiches wüßte.

Christian versuchte es nun mit persönlichen Besuchen bei allerlei Fürstlichkeiten. Das zehrte nur an unseren letzten Gulden.

Ich flehte täglich den Herrn um Hilfe an, nicht um Rückkehr nach Dänemark, nur um irgendeine Änderung, eine Wende. Und er erhörte mein dringliches Gebet. Der Kurfürst Joachim von Brandenburg, der Christians Schwester Elisabeth geheiratet hatte, lud uns zu sich ein, um uns bei ihm in der kurfürstlichen Burg zu Berlin-Neukölln von aller Bedrängnis zu erholen.

»Gott lohne den Hohenzollern diese Gastfreundschaft, die sie uns Unglücklichen anbieten«, rief ich mit gefalteten Händen.

Ich packte sogleich zusammen, was wir noch zu packen hatten. Einige gute Kleidungsstücke hatte ich ja noch sorgfältig aufgehoben. Meist ging ich nur noch schlicht angezogen. Um Abschied von den Kindern zu nehmen, mietete ich eine einfache Karosse, um nach Brüssel zu fahren.

Meine Tante begrüßte mich nicht sehr freundlich. Ich wußte, daß es ihr nicht angenehm war, wenn ich mich am Hof des deutschen Kaisers, in dessen Reich die Sonne nicht unterging, so armselig zeigte. Aber mußte er sich dessen nicht auch schämen?

Ungehalten sagte die Regentin: »Ich hoffe, du wirst die Kinder nicht wie neulich für einige Tage mit nach Lier nehmen wollen.«

»Würdest du sie dann nicht mehr zurücknehmen wollen?« fragte ich. »Es schadet nicht, wenn man in der Jugend karg leben und Armut kennenlernen muß.«

»Natürlich will ich mich der Kleinen weiterhin annehmen und ich kann auch verstehen, daß du zuweilen Sehnsucht nach ihnen hast«, gab sie sanfter zu. »Aber ich fürchte den schlechten Einfluß.«

»Den schlechten Einfluß?« wiederholte ich verwundert. »Wie meinst du das?«

»Dein Gemahl hat den lutherischen Prediger nach Kopenhagen kommen lassen und du hast in der Kirche zu seinen Füßen gesessen«, erklärte sie.

»Zu seinen Füßen«, lächelte ich schmerzlich, »das stimmt wohl weniger. Ich hatte meinen Platz oben in der Königsloge und von schlechtem Einfluß habe ich nichts gemerkt. Er hat das reine Evangelium verkündet.«

»Das reine Evangelium!« rief Margarethe empört. »Gegen die Heiligkeit des Papstes hat er gewettert. Unsere Heiligen als Bittsteller hat er abgelehnt – und diese Unkrautsaat ist schon in Schweden aufgegangen. Ich muß zugeben, ohne Beeinflussung durch Gustav Wasa und ohne, daß Klöster und Mönche angegriffen wurden. Aber das Volk dort ist dem neuen Ketzerglauben verfallen, Norwegen wird folgen und bald auch wohl Dänemark.«

Darauf erwiderte ich nichts und versicherte nur: »Ich komme nicht, um die Kinder zu holen, sondern um mich für längere Zeit von ihnen zu verabschieden. Dir und dem Kaiser wird es recht sein, wenn ich eine Weile nicht in meiner alten Heimat bin.«

Sie errötete.

»Wir haben nichts gegen dich einzuwenden«, entgegnete sie, »aber du weißt, daß es uns zur Schande gereicht, daß ein Ketzer, ein Mörder wie dein Gemahl in unseren Landen Obdach gefunden hat und daß du zu ihm hältst. Wir müssen uns auch schämen, wenn du so heruntergekommen hier auftauchst.«

»Das dachte ich mir wohl«, antwortete ich, »und ich will Euch auch nicht zur Last fallen. Ich erniedrige mich auch nicht in all meinem Elend, daß ich Euch um Geld anflehe. Ich forderte noch nicht einmal den Rest meiner Mitgift, wie es gegen meinen Willen Christian so oft getan hat. Doch mit fünfhundert Gulden im Monat kann ich nicht prangen. Das wird jeder, der unsere Verhältnisse kennt, einsehen.«

»Wie bist du hierher gelangt?« erkundigte sie sich und schien mir dabei selber etwas beschämt zu sein.

»In der Kalesche, die dort steht«, antwortete ich, und ich konnte eine leise Genugtuung kaum verbergen. »Mehr konnte ich nicht ausgeben.«

»Ich lasse sofort dieses elende Fahrzeug zurücksenden. Ich entlohne den Kutscher. Ich lasse eine meiner Kutschen anspannen, damit du wenigstens würdig den Hof verläßt, wenn du die Kinder begrüßt und von ihnen Abschied genommen hast.«

Ich blickte sie todtraurig an. War das die Tante, die mir einst Mutter gewesen war und mich liebevoll betreut hatte? Sie kam auf mich zu, legte den Arm um meine Schulter.

»Nimm doch Vernunft an!« redete sie auf mich ein. »Bleibe hier und überlasse ihn seinem Schicksal.«

Ich schüttelte stumm den Kopf. »Ich halte mein Gelübde«, flüsterte ich mit Tränen in den Augen. »Der Herr Jesus sagt: Wer mir nachfolgen will, der nehme sein Kreuz auf sich!«

»Und wohin reist ihr jetzt?« fragte sie. »Welcher Fürst war so unklug, Euch einzuladen?«

»Der Schwager Christians hatte Erbarmen«, gab ich Auskunft, »der Kurfürst von Brandenburg, der Elisabeth von Dänemark als Gemahlin hat.«

»Gott sei Dank«, seufzte Margarethe, »der Kurfürst von Brandenburg ist ein strenggläubiger Katholik. Möge er Euch in den Schoß der Heiligen Kirche zurückführen.«

Sie umarmte und küßte mich zum Abschied. Ich ließ es starr geschehen. Ich dachte nur an meine Kinder, die ich vielleicht zum letzten Mal gesehen hatte.

Meine Tante Margarethe, die Statthalterin, bewies mir noch einmal, daß sie mich trotz allem noch liebte. Obwohl sie meinen Gemahl so verabscheute, stellte sie uns doch eine Reisekutsche samt Kutscher und Diener zur Verfügung, die auf halbem Wege der weiten und beschwerlichen Reise von einer Brandenburgischen Karosse abgelöst werden sollte. Außerdem ließ sie mir insgeheim von einem vertrauenswürdigen Diener ein Handschreiben und ein Päckchen überreichen, was der Beauftragte so geschickt ausführte, daß Christian nichts davon merkte.

In ihrem Brief sandte sie mir nicht nur gute Wünsche für die Fahrt, was mein Gemahl ja ruhig hätte lesen können, ich erhielt in dem Päckchen noch meine Apanage für fünf Monate, also fünf mal fünfhundert Gulden. Diese aber dürfe ich auf keinen Fall meinem Gemahl aushändigen trotz aller ehelichen Treue, die ich ja – leider – so betone und an der ich festhielte. Erführe er etwas von diesem Geld, so würde er es sofort wieder für sich in Anspruch nehmen. Er würde Bettelbriefe an alle Fürstenhöfe senden oder Reisen dorthin unternehmen, die ebenso wenig Erfolg haben würden, wie all seine anderen Bemühungen. Das habe seine kostspielige und nutzlose Reise, auf der ich ihn habe begleiten müssen, bewiesen. Aber er sei ja noch immer nicht klug geworden.

Ach, sie hatte ja recht, vollkommen recht. Noch jetzt dachte ich mit Grauen an den düsteren Tower, das Königschloß in London, wo auch schon so viele Unglückliche und Unschuldige verschmachtet oder hingerichtet worden waren. Noch heute dachte ich an das laute Wesen, das Fluchen und Grölen des englischen Königs, der Christian lärmend in allem recht gab und ihm doch nicht half.

Wehmütig blickte ich der flämischen Kutsche nach, als sie meiner geliebten Heimat zu, zurückkehrte.

Die Karosse, die uns der Kurfürst entgegengesandt hatte, war bequem. Wie würde es aber in seiner Burg in Berlin-Neukölln sein? Was für ein Empfang würde uns dort bereitet werden.

Ich war sehr bange und stärkte mich mit den Worten der Heiligen Schrift, die verheißen: Siehe, ich bin bei euch bis an der Welt Ende.«

Er würde mir auch jetzt zur Seite sein.

Und wieder durfte ich die Freundlichkeit meines Herrn erfahren, wie sie mir ja mehr und mehr zuteil wurde, je tiefer ich in Not, Armut, Leibesschwäche versank.

Wir wurden in Berlin-Neukölln viel besser aufgenommen, als ich zu erwarten gewagt hatte. Wir wurden nicht mitleidig als arme, heimatlose Flüchtlinge angesehen, sondern als liebe Verwandte, die man mit rechter Freude begrüßte.

Der Kurfürst, ein derber, aufrichtig blickender Mann, quetschte meine immer zerbrechlicher werdenden Hände mit den vom vielen Nähen so zerstochenen Fingerspitzen so fest, daß ich beinahe einen leisen Schmerzensschrei nicht unterdrücken konnte. Seine Gemahlin, meine Schwägerin, hatte ich mir so ganz anders vorgestellt. Ich wußte ja von mancherlei Erzählen, daß mein Schwiegervater ein aufbrausender und kaltherziger Mann gewesen war, der seinen einzigen Sohn mit der Peitsche gezüchtigt hatte, wenn ihm seine Übeltaten zu Ohren gekommen waren. Ich kannte diesen Sohn, meinen eigenen Gatten, als grausamen, gefühllosen Mann, dessen Augen einen niemals liebevoll anblickten und keine Gnade gegen Unschuldige wie Schuldige kannten.

Nun hatte ich gefürchtet, daß seine Schwester, die Kurfürstin, ihm und ihrem Vater gleich sein würde. Doch ich hatte ganz vergessen, daß Christian eine liebe, milde Mutter gehabt hatte, die ich sogar noch flüchtig kennengelernt hatte. Nach dem Tode ihres Gatten hatte sie sich ganz von der Welt abgeschlossen in ein Kloster zurückgezogen. Sie hatte unter der Unbarmherzigkeit ihres Gatten ebenso gelitten wie unter den bübischen Jungenstreichen ihres Sohnes, für den sie trotzdem immer um Gnade gefleht hatte.

Ihrer Mutter, dieser sanften Frau, war wohl auch die Kurfürstin nachgeartet. Sie wirkte sehr angenehm, und ihre blauen Augen sahen mich so gütig an, aber sie verrieten auch, daß sie willensstärker als ihre sich immer unter das Joch ihres Gatten beugenden Mutter war.

Sie empfing mich und sagte zu mir: »Komm, liebe Schwester – das sind wir doch dem Namen und der Verwandtschaft nach –, du nimmst jetzt nicht an unserem gemeinsamen Abendessen teil. Du siehst so erschöpft und hinfällig nach der anstrengenden Reise und allem, was du in den letzten Jahren erlebt hast, aus, daß ich dich gleich in dein wohlgeheiztes Schlafgemach führe. Dorthin wird dir, wenn du zu Bett liegst, eine leichte Mahlzeit gebracht werden und nachher, wenn wir uns zur Ruhe begeben, sehe ich noch mal nach dir. Die Herren können sich in dieser Zeit über andere Dinge unterhalten, wofür wir Frauen weder Sinn noch Erfahrung haben.«

Wie unsagbar glücklich, wie dankbar war ich, als die Kurfürstin Elisabeth mich in den kleinen, wohlig warmen Raum gebracht hatte, als sie mir wie eine Mutter beim Ausziehen half und einer netten, bescheidenen Kammerfrau Anweisung gab, meine wenigen Kleidungsstücke auszupacken und in den beiden Schränken zu verstauen.

Und wie eine Mutter deckte mich meine Schwägerin auch sorgsam zu. Zum ersten Mal nach langer, langer Zeit fühlte ich mich wieder in Liebe, aufrichtiger, selbstloser Liebe geborgen.

Sie küßte mich auf die Stirn und sagte: »Der Vater im Himmel schenke dir ein gesegnetes Ausruhen, und der Herr sei bei dir in dieser ersten Nacht in Neukölln! Ich schaue in etwa einer Stunde noch mal nach dir, ob du gut eingeschlafen bist oder ob dir noch etwas mangelt.«

Damit verließ sie mich, ohne daß ich Zeit gehabt hätte, ihr gebührend zu danken.

Doch ich würde nachher noch Gelegenheit haben, denn ich war gewiß, daß ich noch nicht sogleich einschlafen würde. Diesmal nicht, vor lauter Sorgen und Kummer, sondern vor lauter Glück, zu diesen lieben Menschen gefunden zu haben. Endlich durfte ich mein Haupt sorglos in weiche Kissen legen, ohne zu denken, daß ich nur ein geduldeter, ja, ein gerne fortgesandter Gast wäre.

Die Kerze brannte noch auf meinem Nachttisch. Ich schlüpfte aus dem Bett. Ich holte aus einem Beutel, den ich stets sorgsam unter Wäschestücken oder unter meinem weiten Rock verbarg, das kleine Buch, das mir schon so oft Trost geschenkt hatte, das ins Deutsche übertragene Neue Testament. Oh, könnte ich diesen Martinus Luther einmal in meinem Leben für diese Übersetzung danken!

Was sollte ich an diesem Abend lesen? Mir fiel der Lobgesang der Maria ein: »Meine Seele erhebet den Herrn, und mein Geist freuet sich Gottes, meines Heilandes; denn er hat die Niedrigkeit seiner Magd angesehen.«

Ich war noch nicht weit gekommen, da öffnete sich leise die Tür! Ich schob das Büchlein rasch unter die Decke. Elisabeth trat ein.

»Ich wollte die Kerze ausblasen«, sagte sie. »Aber was verbirgst du denn so ängstlich? Fürchtest du, daß dir hier noch dein letztes Vermögen gestohlen würde?«

Ich faßte Mut. Ich wollte diese edle Frau nicht demütigen.

»Es ist mein größter Schatz«, erklärte ich.

»Eine goldene Kette«, riet sie.

»Oh, nein«, rief ich und hob – auf die Gefahr hin, dadurch wieder von dieser Zufluchtsstätte fortgejagt zu werden – das Neue Testament in die Höhe.

Elisabeth eilte auf mich zu, nahm mich in den Arm. »So sind wir erst recht Schwestern«, sagte sie, »Schwestern im Glauben. Nun wird es eine gesegnete Zeit für uns werden.«

Wir blieben den ganzen Winter über in Berlin-Neukölln. Ich war unaussprechlich dankbar dafür. Ich war es allein schon aus ganz alltäglichen Gründen: Wir saßen in warmen Räumen, ich brauchte kein Geld für das teure Holz zum Heizen auszugeben und wir hatten ebenso kostenlos ein nicht üppiges, aber herzhaftes und sättigendes Essen.

Wie gerne wäre ich für immer in Brandenburg geblieben! Aber ich wußte, daß es nicht möglich war, die verwandtschaftliche Gastfreundschaft für immer zu genießen. Nicht daß sich das kurfürstliche Paar dadurch ausgenutzt gefühlt hätte. Aber der Kurfürst konnte ja in den für ihn unangenehmen Verdacht geraten, daß mein Gemahl, wie er es schon seit Jahr und Tag nicht lassen konnte, von Neukölln aus wieder Bettelbriefe schrieb, die Rückeroberung Dänemarks plante und am Ende sogar von Brandenburg aus ausführen wollte.

Daß das ausgeschlossen war und daß ihn der Kurfürst niemals mit Waffengewalt unterstützen würde, hatte dieser ihm schon vom ersten Tag an energisch klargemacht. Aber wer konnte Christian von diesem Wahn abbringen, in den er sich versponnen hatte? Und als der Kurfürst merkte, daß er wieder damit anfing, war unseres Bleibens in diesem Asyl nicht mehr. Es war mir nur ein Trost, daß jetzt Winter war und man in dieser Jahreszeit nicht mit kriegerischen Unternehmungen beginnen konnte. Sein Schwager nahm Christian mit auf seine täglichen Ausritte. Wie lange hatte Christian nicht das Vergnügen gehabt, auf einem Pferderücken zu sitzen. Nachmittags ließ ihn der Kurfürst Schreibarbeiten für ihn erledigen. Aber anstatt daß Christian dankbar war, daß er sich die Zeit vertreiben und aus dem ewigen Grübeln herauskommen konnte, klagte er einmal bei mir, daß er nun Schreibdiener geworden wäre. Obwohl ich mich ihm gegenüber immer bemühte, sanftmütig zu sein, fuhr ich ihn diesmal an und schalt ihn, daß er dem Kurfürsten und Gott dankbar für diese Ablenkung und für diesen Aufenthalt sein müßte. Sein Schwager wolle ihn nur damit trösten, daß er sich mit leichter Arbeit erkenntlich machen könne.

Der Hauptgrund meiner Dankbarkeit aber war noch ein ganz anderer, wichtigerer. Leider mußten wir ihn geheimhalten: die Kurfürstin hatte sich völlig dem evangelischen Glauben ergeben, hatte aber den letzten Schritt, den Übertritt zur lutherischen Lehre, noch nicht gewagt, weil sie den Zorn ihres Gatten, der strenger Katholik war, fürchtete. Sie freute sich, daß ich mit ihr eines Glaubens war und auch noch nicht den letzten Schritt gewagt hatte, nicht Christians wegen, dem man ja dauernd den Vorwurf machte, daß er den evangelischen Prediger Martin Reinhard nach Kopenhagen gerufen hatte. Ich mußte befürchten, daß ich nach meinem Übertritt überhaupt keine Unterstützung mehr von meinen katholischen Verwandten bekäme und die Niederlande verlassen müßte. Doch wir wollten das weitere dem Herrn befehlen.

Schon am ersten Morgen kam die Kurfürstin früh an mein Bett und betete mit mir oder vor mir Luthers Morgensegen:

»Das walte Gott Vater, Sohn, Heiliger Geist. Amen. Ich danke dir, himmlischer Vater, durch Jesus Christus, deinen lieben Sohn, daß du mich in dieser Nacht vor allem Schaden und Gefahr behütet hast, und bitte dich, du wollest mich diesen Tag auch behüten vor Sünden und allem Übel, daß dir all mein Tun und Leben gefalle. Denn ich befehle mich, meinen Leib und Seele und alles in deine Hände. Dein heiliger Engel sei mit mir, daß der böse Feind keine Macht an mir finde. Amen.«

Meine Schwägerin hatte mir diesen Morgensegen abgeschrieben, so daß ich ihn wie Luthers Abendsegen, den sie auch besaß und mir abschrieb, täglich, auch allein für mich, beten konnte.

Das war mir ein großes Geschenk.

Ein noch größeres wurde mir, als der Kurfürst einige Tage auf Inspektionsreise ging und Elisabeth sogleich nach Wittenberg geheime Botschaft sandte und um einen evangelischen Prediger bat, der uns einen Abendgottesdienst halten könnte.

Auch Christian nahm daran teil und hatte die Hände fest gefaltet. Den Kopf geneigt, schien er sehr ergriffen von den Worten des Gottesmannes zu sein, der mit Luthers Worten schloß:

»Wohlan, wir haben's auf den Mann, den Herrn Jesus Christus, Gottes Sohn, gewagt, der wird uns gewißlich nicht lassen. Unser Leib und Leben steht auf ihm. Wo er bleibt, da werde ich auch bleiben. Auf ihn wagen wir's, er wird uns auch helfen!«

»Ja, auf ihn wagen wir's«, rief da die Kurfürstin laut, »fort mit der Heimlichkeit. Ich begehre das Abendmahl in beiderlei Gestalt.« (Das heißt, außer der Hostie, die nur in der katholischen Kirche gereicht wird, auch den Wein.)

»Und damit bekenne ich mich freimütig zur evangelischen Kirche, will es meinem Gemahl auch nicht mehr verbergen, sondern es ihm wie allem Volk bekennen.«

Wie gerne wäre ich ihr gefolgt! Wie klopfte mein Herz. Ja, auf den Herrn Jesus wollte ich es wagen. Doch noch hielt mich Menschenfurcht zurück.

Schon war in den Niederlanden das erste Ketzerblut geflossen, nachdem sich die gesamten Insassen des Augustinerklosters zu Antwerpen zu der neuen Lehre bekannt hatten. Meine so liebevolle und barmherzige Tante, die Statthalterin Margarethe von Österreich, hatte das Kloster niederreißen und die Kirche in eine katholische Pfarrkirche verwandeln lassen. Zwei der Mönche wurden vor dem Rathaus in Brüssel verbrannt. Noch in den Flammen des Scheiterhaufens hatten sie das apostolische Glaubensbekenntnis gebetet und das Loblied des Herrn gesungen. Schon ganz von Rauch umhüllt, hörte man sie noch laut rufen: »Herr, erbarme dich unser!« Allenthalben in dem nach und nach immer mehr der evangelischen Lehre zuneigenden Deutschland war man über diese Verurteilung empört gewesen, und meine Schwägerin erzählte mir, daß Luther ihren Märtyrertod als Beweis einer Gotteskraft des Evangeliums gepriesen habe. So habe er ein Sendschreiben an die »lieben Christen in Holland, Brabant und Flandern« gerichtet, in dem er den Niederländern Glück wünschte, daß sie die ersten wären, die um Christo willen Schande und Schmach, Angst und Not, Gefährlichkeit und Fährlichkeit hätten erleiden und die Wahrheit mit ihrem eigenen Blut bekräftigen dürfen. Er verherrlichte ihren Tod in einem Lied, das auf fliegenden Blättern durch das ganze Land ging und das auch ich durch die Kurfürstin erhielt.

Ja, wie in den Tagen der ersten Christen dienten die Verfolgungen der Ausbreitung des evangelischen Glaubens. Doch ich muß gestehen: Mir fehlte noch der Mut zum freien Bekenntnis, während meine Schwägerin Not und Tod nicht mehr scheute. Ihr Angesicht glänzte wie das eines Engels, als sie knieend das Abendmahl in beiderlei Gestalt empfangen hatte und nun wahrhaft eine evangelische Christin war. Sie war sich bewußt, daß ihr nun sehr Schweres bevorstand.

Seit der Arzt Dr. Matthäus Ratzeberger, der, nachdem er in Wittenberg seine Studien vollendet hatte, als Freund Luthers ihren Glauben nachhaltig beeinflußt hatte, war es ihr Bestreben gewesen, ihren Gemahl zu einem milderen Urteil über Luther zu bringen. Aber jedes milde Wort, das sie für Luther eingelegt hatte, war an ihm abgeprallt oder hatte Aufwallungen wilden Zornes hervorgerufen. Je trüber sich dadurch ihr Leben gestaltet hatte, um so inniger gab sie sich den Tröstungen des evangelischen Glaubens hin, der von Wittenberg aus so klar verkündigt wurde. Nun hatte sie sich gedrungen gefühlt durch ihr Gewissen, diesen evangelischen Glauben auch äußerlich zu bekennen und es ihren Gemahl wissen zu lassen.

Es war mir klar, daß Kurfürst Joachim sogleich nach Hause zurückkehren und daß er sich wie ein Wilder gebären würde. Wahrscheinlich würde er auch uns, vor allem Christian, verantwortlich machen, da mein Gemahl ja in dem Ruf stand, der evangelischen Lehre zugetan zu sein und den Prediger Martin Reinhard nach Dänemark gerufen zu haben.

Elisabeth verstand, daß wir ihr nicht beistehen konnten, sondern uns selber Verfolgung und Strafe aussetzten, und weinend verabschiedete sie uns.

Wir versprachen ihr aber, in Torgau, wohin wir uns zuerst wenden wollten, bei dem dortigen Kurfürst, ihrem Oheim Johann, Fürsprache für sie einzulegen, falls sie einmal einer Zufluchtsstätte bedürfte. Sie versprach uns, durch einen treuen Diener uns allezeit auf dem laufenden über ihr Ergehen zu halten.

Wir fanden bei Kurfürst Johann gute Aufnahme. Ich hatte aber den evangelischen Geistlichen, in dessen Wagen wir Berlin-Neukölln verließen, gebeten, daß er uns ein einfaches, billiges Quartier bei Wittenberger Bürgersleuten besorgen sollte, da es mich drängte, Doktor Martinus Luther endlich von Angesicht zu sehen und vor allem seinen Predigten zu lauschen.

Wir erfuhren durch Vermittlung des Brandenburger Arztes Dr. Matthäus Ratzeberger in den nächsten Wochen nichts Gutes über unsere Schwester und Schwägerin Elisabeth. Nach seiner Heimkehr war der Kurfürst Joachim sofort in ihr Gemach gestürzt und hatte sie mit fürchterlichen Drohungen überhäuft. Doch nichts hatte sie zur Änderung ihrer Gesinnung bewegen können. Da bei der an Wahnwitz grenzenden Erbitterung des Kurfürsten das Schlimmste zu befürchten war, hatten die Söhne und andere Mitglieder der kurfürstlichen Familie versucht sich einzuschalten, um eine Vermittlung herbeizuführen. Doch sie hatte den einzigen Erfolg, daß sich der Kurfürst dazu verstand, seiner Gemahlin bis Ostern eine Frist und Bedenkzeit einzuräumen, dann aber sollte sie zur katholischen Kirche zurückkehren.

Aber der ungestüme Mann konnte nicht so lange warten. Schon vor Ablauf dieses Zeitraumes begann er wieder, das Gewissen seiner Gemahlin zu bedrängen. Er sandte ihr seinen Beichtvater mit der Forderung, am nächsten Allerheiligenfest das Abendmahl samt Beichte mit dem Kurfürsten nach katholischer Weise zu begehen. Zugleich ließ er ihr androhen, andere Wege einzuschlagen, wenn sie sich dessen weigerte. Ruhig und bestimmt erwiderte die Kurfürstin, wie sie mir schrieb, daß die Sache an sich selbst groß, schwer und wichtig sei und sonderlich Gottes Ehre, das Gewissen und der Seele Seligkeit anlange, daher könne sie als geringes Weib eine plötzliche Antwort nicht geben, zumal ihr Bedenkzeit bis Ostern zugestanden wäre. Bald sollte sich zeigen, wie ernst es dem Kurfürsten mit der Drohung gewesen war, andere Wege einzuschlagen. Er berief seine Bischöfe, Äbte und einige der streng katholischen Richtung angehörenden Geistlichen und legte ihnen die Frage vor, ob er die Kurfürstin hinrichten lassen, sich von ihr scheiden und sie als Bettelweib fortjagen oder sie gefangen setzen sollte.

Eine Todesstrafe lehnten sie alle ab. Desgleichen die Ehescheidung, die von der Kirche nicht erlaubt wäre, aber alle waren für die Gefangensetzung.

»Das ist der Schriftgelehrten Rat und Beschluß über mich gewesen«, schrieb die Kurfürstin an ihren Oheim Johann von Sachsen. Die Frist, die ihr bis Ostern gewährt worden war, näherte sich ihrem Ende. Aber Elisabeth war gewiß, daß sie auch danach ihrem Glauben treu bleiben würde, wenn ihr damit auch lebenslänglicher Kerker drohte.

Doch, sie war gewiß, daß der Herr ihr helfen würde. Sie war auch gewiß, daß ihr ältester Sohn, der Nachfolger seines Vaters, einst als Joachim II. der evangelischen Lehre samt seinem Volk nachfolgen würde. Kurfürst Johann von Sachsen war bereit, sie aufzunehmen. Er billigte ihren Entschluß zu fliehen, wenn es sich um das Heil ihrer Seele handelte. Aber wie sollte sie, die von Aufpassern umgeben war, das Schloß und das Land Brandenburg verlassen? Wie sollte ihr eine Flucht gelingen?

Und der Herr half. Eine Reise des Kurfürsten nach Kopenhagen ermöglichte einen gehegten und in der Stille vorbereiteten Plan.

Am 24. März war er abgefahren. Am Abend desselben Tages verließ seine Gemahlin, von ihrer Kammerfrau und dem Ritter von Götze begleitet, das an der Spree gelegene Wasserschloß. Ein ungefüger Kahn, den ein treuer alter Fischer lenkte, brachte sie an die Stelle, wo ihr Bruder Christian, mein Gemahl, mit einem Wagen wartete, dessen schnelles Gespann sie auf dem kürzesten Wege nach der sächsischen Grenze brachte. Schon am 26. März war sie in Torgau angelangt, wo sie ehrenvoll empfangen wurde. Bereits am Abend des 25. März hatten Eilboten dem Kurfürsten von Brandenburg die Nachricht von der Flucht seiner Gattin überbracht. Zornentbrannt kehrte er nach Berlin zurück und tobte über die Kurfürstin sowohl wie über uns, das dänische Königspaar, und alle

Fluchthelfer. Sogleich forderte er von Kurfürst Johann die Auslieferung seiner Gemahlin samt deren Begleitung.

Doch Johann erbot sich nur, eine Vermittlung zwischen dem Ehepaar einzuleiten unter der Bedingung, daß die Kurfürstin in ihrem evangelischen Glauben beharren und einen eigenen Prediger haben dürfte.

Auch Kaiser Karl, der die Rückkehr der Flüchtigen erzwingen sollte, blieb auf die Klagen des Kurfürsten wegen so eines leidigen Ehehandels stumm. So verharrte Elisabeth in Torgau.

Am nächsten Sonntag saßen sie und ich Hand in Hand – und diesmal nicht in einer fürstlichen Loge, wie ich einst bei dem Geistlichen Reinhard in Kopenhagen, sondern zu Martin Luthers Füßen, und ich bebte vor Erregung, und mein Herz tat sich weit, weit auf bei seiner Predigt.

Wie konnte er sprechen, für den Einfältigsten wie für den Klügsten und Gelehrtesten verständlich! Wie malte er uns das Kreuz, den Inbegriff von Gottes Liebe, den Gekreuzigten vor Augen, der für uns gestorben war und der uns nun aufforderte: Komm! Lege deine Sündenlast unter mein Kreuz! Ich nehme sie mit ans Kreuz. Dann ist sie getilgt. Und wenn deine Sünde blutrot wäre, so wirst du schneeweiß, wenn mein Blut dich bedeckt. »Mein Blut vergossen, zur Vergebung der Sünden.« Diese Einsetzungsworte des Abendmahls gingen mir durch und durch. Und doch wagte ich nicht, vorzutreten und am Abendmahl beider Gestalt teilzunehmen. Aber ich wußte, daß ich innerlich schon dazu gehörte und daß ich bald auch vor der Öffentlichkeit das Zeugnis ablegen würde, evangelische Christin zu sein.

Doch zuvor hatte ich noch einen schweren Gang vor, einen so unangenehmen Gang, weil es – auf Christians Drängen – ein Bettelgang war. Doch an diesem Sonntagnachmittag wollte ich nicht daran denken, sondern nur glücklich sein und genießen, daß wir in der Kutsche, die Kurfürst Johann uns zur Verfügung gestellt hatte, mit Doktor Martin Luther nach Wittenberg fahren durften. Dort wollten wir eine Zeitlang wohnen, um die Predigten dieses Gottesmannes recht zu genießen.

Doktor Martinus war während der Fahrt ein fröhlicher, aufgeschlossener Reisegenosse. Doch dann wurde er wieder ernst und schlug seine Bibel auf und las Epheser 6, 10: »Zuletzt, meine Brüder, seid stark in dem Herrn und in der Macht seiner Stärke.

Ziehet an den Harnisch Gottes, auf daß ihr an dem bösen Tage Widerstand tun und alles wohl ausrichten und das Feld behalten möget. So stehet nun umgürtet an euren Lenden mit Wahrheit und angezogen mit dem Panzer der Gerechtigkeit und an den Beinen gestiefelt, fertig, zu treiben das Evangelium des Friedens. Vor allen Dingen aber ergreifet den Schild des Glaubens, mit welchem ihr auslöschen könnt alle feurigen Pfeile des Bösewichtes; und nehmet den Helm des Heils und das Schwert des Geistes, welches ist das Wort Gottes.«

Martin Luther klappte das Buch wieder zu. Er blickte uns beide an und sagte: »Ich dachte, dieses Wort würde zu euch passen.«

»Ja«, antwortete ich und dachte dabei an den teuflischen Einfluß der Sigbritt, dem ich jahrelang ausgesetzt war und von dem Christian immer noch nicht völlig frei war. »Nun habt Ihr uns doch eine Predigt gehalten.«

Jeden Sonntag saßen wir beide, auch Christian, unter seiner Kanzel und nahmen seine Worte in uns auf. Doch noch konnte ich nicht öffentlich übertreten. Ich mußte mich aufmachen, diesen Bettelgang zu tun, der mir so zuwider war.

Mein zweiter Bruder Ferdinand befand sich auf der Burg zu Nürnberg, dorthin reiste ich. Ich wurde von Ferdinand sogleich empfangen. Er fuhr entsetzt zurück, als er mich wiedersah, die ihn einst als blühendes Kind, als übermütiges Mädchen verlassen hatte und ihm so in Erinnerung geblieben war. Jetzt stand ich verblüht, armselig, alt vor ihm.

Er gestattete mir, den Vertretern der Kurfürsten, der deutschen Fürsten, der Grafen und Prälaten sowie der Städte vorzutragen, in welcher Not mein Gemahl und ich uns befänden und wie wir nur in einen geringen Teil unseres Reiches zurückkehren möchten, um nicht völlig zu verderben.

Viele dieser Männer hatten bei meiner Schilderung Tränen in den Augen, mehr aber erreichte ich nicht.

Der Legat des neuen Papstes mußte erst abgewartet werden. Doch dieser traf verärgert in Nürnberg ein, da man ihn in Augsburg ohne die ihm zustehenden Ehren empfangen hatte und ihm in Nürnberg auch nicht gehuldigt worden war.

Am Palmsonntag wurden zum ersten Mal keine grünen Zweige gestreut. Der Kardinal traf auf nichts als Ablehnung, und er wiederum lehnte nun alle Bitten des zur Lutherlehre neigenden dänischen Königs, des Mörders vieler katholischer Geistlichen, ab.

Ich blickte von der Burg herab. Die Menschen strömten zu Hunderten in die Sebalduskirche. Ich folgte ihnen. Sie empfingen den Leib des Herrn ohne vorherige Beichte, sie empfingen auf evangelische Art das Abendmahl in beiderlei Gestalt, im Brot und im Wein. Und ich tat es auch! In aller Öffentlichkeit bekannte ich mich zur evangelischen Lehre.

Jetzt konnte ich natürlich nicht mehr in der Burg meines katholischen Bruders bleiben. Ich nahm Abschied von Ferdinand. Er tat so, als wüßte er nichts von meinem Glaubensübertritt. Er ist strenger Katholik, aber doch duldsam.

»Wenn es dir tragen hilft«, sagte er leise, als er mir zum letzten, zum allerletzten Mal die Hand reichte. Er schob mir eine Rolle Goldmünzen zu. Ich nahm sie, es war kein Almosen. Er war mein Bruder, mein Bruder, den ich liebte und nun für immer verließ.

Ich kehrte nach Wittenberg zurück, ohne Hoffnungsschimmer für Christian, aber mit einem heißen Erbarmen, einer wahrhaften Frauenliebe für den Unglücklichen. Ich beschloß, bei ihm auszuharren, bei ihm, der sich immer noch törichten Hoffnungen hingab. Armer Christian! Wie viele dornige, steinige Wege wirst du noch wandern müssen, bis du zu der Erkenntnis kommst, daß es ein besseres Königreich gibt, das auch auf den größten, aber reumütigen Sünder wartet. Wir beschlossen, nach Lier zurückzukehren, Christian noch immer voller Pläne, ich müde, sehr müde. Als ich in Lier ankam, war mir, als hätte ich jetzt endlich das Ziel erreicht, als riefe mich eine Stimme: »Komm zu mir! In meines Vaters Hause sind viele Wohnungen. Ich gehe hin, dir die Stätte zu bereiten. Du hast dein Kreuz getragen und bist mir nachgefolgt. Ich werde dir eine andere Krone, die Krone des Lebens geben.«

Lange hatte mich nicht solch ein Glücksgefühl erfüllt. Ich hatte alles verloren und hatte doch alles in ihm, dem Herrn, gewonnen. Nun habe ich genug geschrieben. Ich bin müde. Ich will mich niederlegen . . .

Elisabeth von Dänemark, geborene Isabella Infantin von Spanien und Erzherzogin von Österreich, erwachte nicht wieder zu diesem Leben. Ein kaiserlicher Kammerwagen brachte ihre sterbliche

Hülle nach Brüssel in die Kirche Notre Dame des Victoires, auf deutsch: Die Kirche unserer Mutter der Siege.

Elisabeth hatte gesiegt, oder der Herr in ihr. Unser Glaube ist der Sieg, der die Welt überwunden hat.

Bildnachweis
Wir danken dem Bildarchiv Preußischer Kulturbesitz, Berlin, für die Bilder: Elisabeth von Dänemark, Brüssel – Rathaus, Margarethe von Österreich, Christian II., Joachim I.,
dem Archiv für Kunst und Geschichte, Berlin-Nikolassee, für die Bilder: Stockholm, Das alte Stockholmer Schloß

Weitere Bücher von Anny Wienbruch

Die fröhliche Familie
Aus Mutters Kindheit
112 Seiten, Edition C-Paperback 56 526

Eine Zusammenfassung einiger köstlicher Geschichten dieser kinderreichen Familie.

Wir waren unser elf
112 Seiten, Edition C-Paperback 56 527

In sich geschlossene Fortsetzung von »Die fröhliche Familie«. Die lebendige, anschauliche Art der Schilderung zieht den Leser stets von neuem in ihren Bann.

Das sonnige Haus
120 Seiten, Edition C-Paperback 56 528

Wer »Die fröhliche Familie« kennen- und liebenlernte, wird gerne weitere Geschichten aus dem sonnigen Haus miterleben. Mittelpunkt ist die allzeit strahlende Mutter. Zum Vorlesen gut geeignet.

Unverzagt und fröhlich
112 Seiten, Edition C-Paperback 56 529

Ernstes und Heiteres und viel Lehrreiches aus dem Leben Annchens, die eines der elf Kinder aus der »fröhlichen Familie« war.

Das schönste Geschenk
96 Seiten mit 12 Illustrationen, Edition C-Kindertabu 56 411

Die reizend bebilderten kurzen Erzählungen aus dem Leben Lisas und ihres jüngeren Bruders Olaf sind lehrreich und eignen sich zum Vorlesen auch schon für Kinder von 6 Jahren an.

Verlag der St.-Johannis-Druckerei, 7630 Lahr

Weitere Bücher von Anny Wienbruch

Die ungekrönte Königin
216 Seiten, 8 Seiten Bilder, Edition C-Paperback 56 646

Sophie Dorothea wurde von ihrem Mann, dem Prinzen von Hannover, über alle Maßen schlecht behandelt und ins verfallene Schloß von Ahlden verbannt, während er König von England wurde. In ihrer Einsamkeit fand sie zum rechten Glauben.

Ein König wird frei
126 Seiten, 8 Bildseiten, TELOS-Paperback 71 080

Königin Christine und ihr Nachfolger Karl X. von Schweden. – Als die Tochter des großen Schwedenkönigs Gustav Adolf die schwedische Krone niederlegte, bestimmte sie Karl X. zu ihrem Nachfolger, der sich jedoch durch Gottes Kraft von ihr lösen konnte.

Ein Leben für Gustav Adolf
200 Seiten, 8 Bildseiten, TELOS-Paperback 71 048

Die Geschichte des Pfalzgrafen von Zweibrücken und der Schwester Gustav Adolfs. – Johann Casimir, arm aber reich im Glauben, macht unverhofft sein Glück mit der Schwester des Königs. Aufschlußreiche Einblicke in die Zeit des Dreißigjährigen Krieges.

Adelheid, Königin und Kaiserin
104 Seiten, Edition C-Paperback 55 309

Hier wird ein Stück Geschichte lebendig. Adelheid, die Königin der Lombardei und Kaiserin des Heiligen Römischen Reiches Deutscher Nation, mußte ein atemloses, wechselvolles Leben führen. Aber sie wußte um einen höheren Wert, und es war ihr möglich, auch im Herrschen zu dienen und sich von Gott abhängig zu wissen.

Verlag der St.-Johannis-Druckerei, 7630 Lahr